Gedruckt mit freundlicher Unterstützung
der Reformierten Kirche Zürich.

Der Theologische Verlag Zürich wird vom Bundesamt für Kultur mit einem Strukturbeitrag für die Jahre 2019–2020 unterstützt.

Bibliografische Informationen der Deutschen Nationalbibliothek
Die Deutsche Nationalbibliothek verzeichnet diese Publikation in der Deutschen Nationalbibliografie; detaillierte bibliografische Daten sind im Internet über http://dnb.dnb.de abrufbar.

Umschlaggestaltung
Simone Ackermann, Zürich, unter Verwendung einer Abbildung aus der Zentralbibliothek Zürich (Froschauer, Christoph: [Konrad Pellikan und Leo Jud]. [Zürich] ; 1575. Zentralbibliothek Zürich, Inv 496, 10.7891/e-manuscripta-43551) und aus der Berlinischen Galerie (Rückseite)

Druck
Rosch Buch GmbH, Schesslitz

ISBN 978-3-290-18201-4

www.tvz-verlag.ch

Für Anatole Taubman,
den Leo Jud im Film «Zwingli, der Reformator»

*«Ein bisschen Feuer aus dem Fegefeuer
könnten wir vertragen.»*

*Emmy Ball-Hennings*

# Inhalt

## Erster Teil: Von Gemar ins Auge der Zürcher Reformation

## Zweiter Teil: Die Flucht aus der Zeit

# ERSTER TEIL

## Von Gemar ins Auge der Zürcher Reformation

# Nicht Gnade, Einsicht

Die Zürcher Reformation ist nicht allein das Werk von Huldrych Zwingli. Leo Jud, Pfarrer am St. Peter, war als dessen treuer Freund und Mitstreiter nicht nur an der Übersetzung der Zürcher Bibel, sondern auch an der Umsetzung der Reformation massgeblich beteiligt. Bei einem Geschichtsverständnis, das nur auf den einen Reformator ausgerichtet war, ging Leo Jud schlicht vergessen. Höchste Zeit, ihn aus der Mottenkiste hervorzuholen und zu entstauben!

Nach fünfhundert Jahren soll Leo Jud hier in fiktiven Dialogen auf seinen Antipoden, seinen Schatten, sein Fegefeuer treffen. Es ist Hugo Ball, der vor hundert Jahren auf der anderen Seite der Limmat auf der Bühne des Cabaret Voltaire an der Spiegelgasse 1 mit seinen Dada-Aufführungen in einer Anwandlung von Ironie das christliche Abendland ad absurdum führte.

Hugo Ball hatte sich mithilfe von Nietzsches Nihilismus von seiner bildungsbürgerlichen Herkunft gelöst und sich dann der Kunst und dem Theater zugewendet. Nachdem er 1914 an der Westfront Zeuge von Kriegsgräueln geworden war, flüchtete er von Berlin nach Zürich und hielt seinen Zeitgenossen mit seinem Narrenspiel den Schatten des christlich-humanistischen Abendlandes vor Augen.

Lassen wir Leo Jud mitsamt der Zürcher Reformation durch das Fegefeuer des Dada zur Läuterung schreiten, auf dass es nicht weitere fünfhundert Jahre braucht, bis es so weit kommt!

HUGO Siehe da, wen treffe ich zur Läuterung im Fegefeuer? Den berühmten Meister Leu, Zwinglis Gehilfe, Chefideologe und Bilderstürmer der Zürcher Reformation, eine unerlöste Seele und das nach fünfhundert Jahren!

LEO Ausgerechnet Hugo Ball, der auf der Bühne im kubistischen Bischofskostüm seinen Nonsens verbreitete, und das mitten im Zürich der Reformation, was für ein Tiefpunkt! Gott sei mir gnädig.

HUGO Hier gibt's keine Gnade, nur Einsicht.

LEO Ich bin stolz darauf, mit Zwingli zusammen die Zürcher Reformation eingeläutet zu haben.

HUGO Schau, wohin euer Aufbruch geführt hat!

LEO Im Moment habe ich nur dich vor mir und deinen diabolischen Klamauk auf der Bühne.

HUGO Eben.

LEO Damit will ich nichts zu tun haben.

HUGO Wirklich? Warum hast du nach fünfhundert Jahren noch immer keine Ruhe gefunden? Warum bin ich dazu bestimmt worden, dein Fegefeuer zu sein und dich auf dem steilen Weg der Läuterung zu führen?

LEO Ich bin stolz darauf, Humanist und Reformator zu sein.

HUGO Schau dir die Kehrseite an! Bei dir und deinesgleichen hat es den Anfang genommen, das wohlstandsgesättigte, religiös leergefegte Bildungsbürgertum.

LEO Jeder sollte die Bibel selbst lesen und verstehen, der Landmann hinter dem Pflug, der Wanderer auf der Reise, die Frau am Webstuhl ...

HUGO Schöne Worte.

LEO Im Anfang war das Wort.

HUGO Euer Feigenblatt.

LEO Wir haben aufgeräumt mit dem katholischen Plunder.

HUGO Aufgeräumt ist gut, es blieb nichts übrig, gar nichts.

LEO Wer Ohren hatte zu hören, der hörte.

HUGO Ich hörte bloss die mächtigen Kirchenglocken, sonst nichts.

LEO Die Verkündigung des Wortes, Sonntag für Sonntag ...

HUGO Gadji beri bimba.

LEO Aha, dein Unfug, wie damals im Cabaret Voltaire.

HUGO Gramma berida bimbala.

## Ausländer, der Vater Priester, der Grossvater Jude

Leo Jud erblickte 1482 in Gemar das Licht der Welt. Er wuchs zusammen mit seiner jüngeren Schwester Clara im Pfarrhaus dieses kleinen Dorfes im Elsass auf, das 14 Kilometer nördlich von Colmar liegt. Sein Vater Johannes Jud war Priester, seine Mutter Elsa Hochsang kam aus der Schweiz, aus Solothurn. Der Priester und seine Köchin und Konkubine lebten wie ein Ehepaar zusammen. Obschon er damit sein priesterliches Zölibatsgelübde verletzte, schien das niemanden zu stören. So wuchs Leo in einem gebildeten Elternhaus wohlbehütet auf. Im Jahr 1485 wurde der Vater an die St.-Gregor-Kirche nach Rappoltsweiler, einer Rebbaugemeinde am Sonnenhang gegenüber Gemar, berufen. An diesem Ort hatte schon dessen Vater, Jakob Jud, der Grossvater von Leo, als jüdischer Wundarzt gewirkt. Der Wechsel von Gemar nach Rappoltsweiler war ein beruflicher Aufstieg für den Vater von Leo. Seine jüdische Herkunft, die allen bekannt sein musste, und auch die Tatsache, dass er als Priester eine Familie hatte, standen ihm dabei nicht im Weg.

Der junge Leo besuchte die zehn Kilometer entfernte renommierte Lateinschule in Schlettstadt. Die Schule war für ihre humanistische Bildung berühmt, man unterrichtete nach den Prinzipien der Devotio moderna, der Erneuerungsbewegung der spätmittelalterlichen katholischen Kirche. Es war eine Bildungsbewegung, welche die mystische Frömmigkeit mit der Gelehrsamkeit der Renaissance verband. Deren wichtigste Schrift war die «Nachfolge Christi» von Thomas von Kempen, das meistgelesene Buch des späten Mittelalters. Interessanterweise wird Leo Jud es auf dem Höhepunkt der Zürcher Reformation ins Deutsche übersetzen. Offenbar hat diese Schrift sein geistliches Leben vor und nach dem reformatorischen Aufbruch in Zürich wesentlich geprägt. Heute würde man sagen, er hat sie meditiert. Täglich wird er im Buch von Thomas von Kempen gelesen und dessen christliche Lebensweisheiten eingeübt haben, indem er sich vergegenwärtigte, was Gott ihm schenkt und was er von ihm erwartet, die Kraft der Liebe und die Gabe, sie weiterzutragen.

Viel später, gegen das Ende seines Lebens, beschrieb er diese Gebetspraxis so: «Ausrotten der Laster, Einpflanzen der Tugenden, Liebe zu Gott, Sanftmut, Geduld, Demut, Verschmähen seiner selbst und aller zeitlichen, vergänglichen Dinge, inbrünstige Andacht, hilfreicher Trost in aller Widerwärtigkeit, vollkommene Reue, süsse Tränen, heisse Andacht und Betrachtungen, standhaftes Beharren im Guten, Vorbereitung zum seligen Ende.»[1]

Leo Jud hat später kaum über seine Herkunft gesprochen. Nach den bewegten Jahren der Reformation, da er erst mit Huldrych Zwingli, dann mit Heinrich Bullinger im Rampenlicht gestanden hat, wussten die meisten Zürcher weder, dass er aus dem Elsass stammte, noch dass er Leo Jud hiess, für sie war er schlicht und einfach der Meister Leu. Von der Schweizer Mutter Elsa Hochsang wird er als Muttersprache die Schweizer Mundart intus gehabt haben.

## Die Wörter sind tot, wir haben sie getötet

Es gab eine Zeit, da wollte Leo nicht mehr Jud heissen, er wollte seine jüdische Herkunft loswerden. Als er nach fünfhundert Jahren auf sein Fegefeuer Hugo Ball trifft, zeigt sich, dass es bei diesem auch eine Zeit gab, da er seine religiöse Herkunft loswerden wollte.

Hugo Ball war in einem streng katholischen Elternhaus aufgewachsen, als 26-Jähriger im Jahr 1912 jedoch aus der Kirche ausgetreten. Er hatte sich mit dem Nihilismus von Friedrich Nietzsche befasst. Dessen Geschichte vom Tod Gottes wird ihm mächtig Eindruck gemacht haben: Der verrückte Mensch läuft am helllichten Tag mit einer Laterne über den Marktplatz und ruft unaufhörlich: «Ich suche Gott! Ich suche Gott!»

Die Leute lachen ihn aus und fragen: «Ist er denn verloren gegangen? Hat er sich verlaufen wie ein Kind? Oder hält er sich versteckt? Fürchtet er sich vor uns?»

«Wohin ist Gott?», ruft er, «Ich will es euch sagen! Wir haben ihn getötet – ihr und ich! Wir alle sind seine Mörder! Aber wie haben wir dies gemacht? Wie vermochten wir das Meer auszutrinken? Wer gab uns den Schwamm, um den ganzen Horizont wegzuwischen? Was taten wir, als wir diese Erde von ihrer Sonne losketteten? Wohin bewegt sie sich nun? Wohin bewegen wir uns?»

Dann geht der verrückte Mensch in die nächste Kirche und singt sein Requiem. Man führt ihn ab, resigniert spricht er: «Was sind denn diese Kirchen noch, wenn sie nicht die Grüfte und Grabmäler Gottes sind?»[2]

HUGO Du wolltest das Judentum deiner Ahnen loswerden. Was für ein Unsinn, Jude bleibt Jude.

LEO Schrecklich! Hugo Ball, mein Fegefeuer.

HUGO Weil du nichts begreifst. Die Zürcher haben übrigens auch nichts begriffen. Katholisch bleibt man auch für immer und ewig, das ist einem in die Seele eintätowiert.

LEO Bei den Reformierten ist das anders.

HUGO Genau. Die haben gar keine Seele. Die haben bei ihrer Reformation das Kind mit dem Bade ausgeschüttet, frisch gesäubert und durchtherapiert sind sie nun frei, freigeräumt von der christlichen Religion.

LEO Meine Verse hatten die Möglichkeit, allen Schmutz abzutun, der an dieser vermaledeiten Sprache klebte.

HUGO Meine Worte. Es blieb uns vor hundert Jahren, als jener schreckliche Kriegswahn Europa in den Klauen hatte, nichts anderes übrig, als beim Aufräumen der Seelenlandschaft den letzten Schliff zu geben.

LEO Die Ironie hat die Luft gereinigt, niemand wagte zu lachen; so hast du deine Aufführung im Cabaret Voltaire im Tagebuch beschrieben.

HUGO Beri ban o katalominai rhinozerossola hopsamen laulitalomini.

LEO Ihr habt mit eurem Dada alles, auch das Wort selbst, niedergerissen.

HUGO Hoooogadjama rhinozerossola hopsamenbbluku terullala blaulala.

LEO Ihr habt das Wort zerstört.

HUGO Es musste sein, die Wörter sind tot, wir haben sie getötet – ihr und ich! Wir alle sind ihre Mörder.

## Der Beginn einer grossen Freundschaft

Im Jahr 1499 beendete Leo Jud die Lateinschule in Schlettstadt. In der Zwischenzeit war sein Vater gestorben. Als 17-Jähriger musste er ins Erwerbsleben einsteigen. Er zog nach Basel und trat in die Spuren seines Grossvaters, studierte Medizin und ging bei einem Apotheker in die Lehre.

Als «Leo Keller von Basel» immatrikulierte er sich an der Universität in Basel. Sein jüdischer Grossvater Jakob Jud war Wundarzt, er soll im ganzen Elsass berühmt gewesen sein. Wahrscheinlich hatte er zum katholischen Glauben konvertiert. Er hatte drei Söhne: Johannes, der Vater von Leo Jud, studierte Theologie und wurde Priester. Der zweite, Matthäus, zog mit dem Johanniterorden nach Rhodos. Vermutlich ist er im Kampf gegen die Türken in einer Seeschlacht gefallen. Der jüngste Sohn Kaspar starb jung.

Nach drei Jahren Medizinstudium und Apothekerlehre in Basel liess sich Leo Jud in Freiburg unter dem Namen «Leo Keller de Sancto Ypolito» einschreiben. Drei Jahre blieb an der

Universität Freiburg. Vermutlich hat er da mit dem Theologiestudium begonnen. Im Jahr 1505 kam er wieder nach Basel.

Da kam es zur schicksalhaften Begegnung: Leo Jud traf auf den zwei Jahre jüngeren Ulrich Zwingli, der später seinen Vornamen in Huldrych änderte. Sie wurden Freunde. Bereits ein Jahr später, im Jahr 1506, promovierte Huldrych Zwingli zum Magister Artium und wurde Leutpriester in Glarus. Leo Jud schloss sein Theologiestudium erst sechs Jahre später ab. Zuvor hatte er eine Reise nach Rom unternommen, um den Papst um die Bestätigung des Namens Leo Keller zu ersuchen und sich gegen eine Busse vom Defekt der illegitimen Geburt freizukaufen, was nötig war, um die Priesterweihe empfangen zu können.

Leo Jud war 30 Jahre alt, als er seine erste Stelle als Leutpriester in Sankt Pilt antrat, wo er noch ganz nach katholischer Art die Messe las, Seelsorge übte, die Jugend unterrichtete. In der Zwischenzeit hatte er sich zu seinem ursprünglichen Namen durchgerungen und nannte sich wieder Leo Jud, er soll sogar stolz auf seinen besonderen Namen gewesen sein, wie sein Sohn Johannes in seinem Bericht über den Vater festhielt.[3]

Was hat Leo Jud vom Beruf des Grossvaters zum Beruf des Vaters, von der Medizin zur Theologie geführt? War es die Freude an der Sprache und an der Schrift, am Übersetzen? Regte sich in ihm die pädagogische Ader? War es der humanistische Aufbruch, der in der Stadt Basel in der Luft lag? Ahnte der junge Leo, dass mit dem Humanisten Erasmus von Rotterdam eine neue Epoche heraufzog? Er las im Vorwort dessen Übersetzung des Neuen Testaments aus dem Jahr 1516 und war begeistert: «So gut als das Sonnenlicht ist Christi Lehre für alle da. Möchte doch das Neue Testament nicht bloss in die Sprache der Schotten und Iren, sondern auch der Türken und Sarazenen übersetzt werden! Alle Frauen sollten das Evangelium und die Briefe des Paulus lesen. Der Landmann hinter dem Pflug, der Weber am Webstuhl, der Wanderer auf der Reise sollten singen und reden vom Evangelium. Es ist so klar und einfach, dass es jeder Laie versteht. Die christliche Philosophie ist jedermann zugänglich.»

Es musste Leo Jud wie Schuppen von den Augen gefallen sein: Jeder sollte die Bibel selber lesen, meditieren und den Weg zur Nachfolge Christi finden können. Das war es, dafür lohnte es sich, den Weg des Vaters auf sich zu nehmen. Den humanistischen Geist des Erasmus von Rotterdam wird Leo als die Erfüllung der Devotio moderna empfunden haben, dieser Geist würde ihn nie mehr loslassen und sein Leben bis zur Erschöpfung erfüllen.

Anders als Erasmus war Leo Jud jedoch nicht nur Gelehrter, sondern übte das Amt des Priesters aus, las die Messe, nahm die Beichte ab, betrieb Seelsorge und unterrichtete die Jugend. Anders als Erasmus trug Leo Jud das harte Joch des Priesteramtes und sehnte sich doch nach dem sanften Joch, das Jesus verheissen hatte. Er hatte es im humanistischen Geist von Erasmus entdeckt, bei dem die Würde des Menschen im Mittelpunkt stand. Dieser Widerspruch zwischen hartem und sanftem Joch beschäftigte ihn fortan.

Leo Jud war 36 Jahre alt, in der Lebensmitte, er hatte sein Berufsziel erreicht, war Leutpriester in seiner Heimat. Sankt Pilt liegt auf dem Weg von Gemar nach Schlettstadt. Möglicherweise wohnte seine Mutter als Köchin und Haushälterin mit ihm zusammen im Pfarrhaus, er nahm den Zölibat ernst, seine ganze Aufmerksamkeit galt in jener Zeit der Lektüre der Schriften von Erasmus von Rotterdam.

Huldrych Zwingli kannte seinen Enthusiasmus für den humanistischen Geist und er wusste auch um seine Begabung. Als die Zeit reif war, rief er ihn zu sich und Leo Jud machte sich sogleich auf den Weg und fand seinen Platz. Sein Platz war an der Seite von Huldrych Zwingli, dieser wurde sein Schicksal, sein Glück und sein Unglück.

Es musste kurz vor Weihnachten des Jahres 1518 gewesen sein, als Leo Jud von Huldrych Zwingli aus Einsiedeln einen Brief bekam, darin dieser ihn mit «hochgelehrtes Leulein» und «inniggeliebter Leo» ansprach, sich auf die Freundschaft mit ihm bezog und ihm anbot, sein Nachfolger als Leutpriester in Einsiedeln zu werden.[4]

Leo Jud zögerte keinen Augenblick und zog nach Einsiedeln. Die Reise dauerte sechs Tage, am 24. Juni 1519 trat er die Stelle als Leutpriester in Einsiedeln an. Er berichtete in einem Brief an seine Mutter über die Reise und den Beginn seiner Tätigkeit am berühmten Wallfahrtsort.[5]

## Die Grammatik der Unterdrückung

Huldrych Zwingli und Leo Jud waren begeistert von den Schriften des Erasmus von Rotterdam, sie waren Bestseller und zeugten vom Aufbruch in die neue Welt des freien Denkens und Glaubens, der freien Rede. Doch sie waren auf Lateinisch geschrieben. Wer verstand das? Die beiden Freunde waren sich einig: Es brauchte Übersetzungen in gutes Deutsch für ein breites Publikum; doch wer konnte das? Natürlich Leo Jud! In den drei Jahren in Einsiedeln übersetzte er neun Bücher von Erasmus, gleichzeitig unterstützte er mit seinen Einsiedler Predigten das Wirken Huldrych Zwinglis. Die Zürcher, fleissige Wallfahrer, bekamen in Einsiedeln das Gleiche wie bei Huldrych Zwingli im Grossmünster zu hören: Man muss unterscheiden zwischen dem harten und dem sanften Joch. Die «Päpstler» bürden ungeheure Lasten auf, das ursprüngliche Christentum aber erleichtert die Menschen, es schenkt ihnen die christliche Freiheit. Christliche Religion in ihrem ursprünglichen Geist meint ein leichtes und bekömmliches Joch, das den Menschen hilft, ihr Leben dankbar und freudig als Werkzeug Gottes anzunehmen, das Gottvertrauen führt zu einem freien christlichen Leben.

In seinem ersten Buch, dem Roman «Flametti», beschreibt Hugo Ball die geistige Atmosphäre in Zürich in der Zeit des Ersten Weltkriegs.

Im Vorwort schreibt er: «Ich hatte dabei die Endabsicht, einen Tritt in den Wanst zu versetzen, jenem geheiligten Götzen, jenem Monstrum, das sich bürgerliche Kultur nennt [...] Der Mächtigste – wie langweilig kann er sein, wie armselig, wenn ihm guter Wille und Phantasie, Geist und Gefühl ermangeln. Der Kleinste – wie wichtig kann er sein, wenn ihm Mut und Liebe, Klarheit und Bewusstsein eignen. Eine Köchin, eine Kellnerin, eine Näherin; ein Friseur, ein Portier, ein Gemüsehändler: sie alle können Schicksale machen, Weltbilder ändern, Königreiche aufbauen und umwerfen, freilich vor einer anderen Instanz, als derjenigen, die heute von Teufels Gnaden beliebt ist.»[6]

HUGO Wie langweilig und armselig die Menschen geworden sind, die Langzeitwirkung von Reformation und Humanismus!

LEO Mein Vater hat auf dem Friedhof der Gemeinde Rappoltswyler eine Skulptur der Szene im Garten Gethsemane anfertigen lassen.[7]

HUGO Siehe da, du hast die Kunst in den Genen.

LEO Die Skulptur zeigt Jesus, wie er zu seinem Gott fleht: Lass diesen Kelch an mir vorübergehen.

HUGO Währenddessen die Jünger schlafen. So sind sie, die Menschen!

LEO Mein Vater wollte seine schlafende Gemeinde wecken, er ist daran zerbrochen. Wie ein Blitz traf mich damals in Basel, als ich noch in der Apotheke arbeitete, die Einsicht: Du musst das Werk deines Vaters weiterführen.

HUGO Wahrlich, du hast gebrüllt wie ein Löwe!

LEO Wir mussten in der magisch besetzten Bilderwelt der Seele Raum für die christliche Freiheit schaffen.

HUGO Was ist daraus geworden! Die Kirchenglocken verhallen in der Leere, der Rest schläfert auch den redlichsten Zürcher ein.

LEO Wir haben sie aus dem Schlaf geweckt, Zwingli und ich, wir haben aufbegehrt im Geist des freien Christenmenschen.

HUGO Kurz aufbegehrt, um dann lange zu kuschen, das nenn ich Protestantismus.

LEO Dada.

HUGO Als ich im Jahr 1914 an der Westfront das Gemetzel des Krieges sah, da wusste ich, es gibt nur eins: die Menschen müssen aus der Agonie des Vernichtungswahns geweckt werden.

LEO Verstehe.

HUGO Nichts verstehst du. Ihr habt den Menschen die Grammatik der Unterdrückung in die Seele eingebrannt.

LEO Was redest du für einen Unsinn!

HUGO Ihr Reformierten seid Meister darin, aus freien Menschen Untertanen zu machen.

LEO Das Wort Gottes macht die Menschen frei.

HUGO Warum kann der Baum nicht Pluplasch heissen und Pluplubasch, wenn es geregnet hat?

LEO Ich predigte das Wort vom sanften Joch, es ist die beste Arznei, die Jesus den Menschen gebracht hat.

HUGO Gott braucht die menschliche Sprache nicht, um sich verständlich zu machen, eher noch die versunken ächzende Stummheit der Fische.[8]

## Aufbruch in Zürich und Einsiedeln

Huldrych Zwingli am Zürcher Grossmünster und Leo Jud im Wallfahrtsort Einsiedeln zogen am gleichen Strick. Ihre Freundschaft entwickelte sich zu einer intensiven Zusammenarbeit, welche die Zürcher Reformation prägen sollte.

Im Frühjahr 1522 kam Leo Jud von Einsiedeln nach Zürich, um am berühmten Wurstessen teilzunehmen. Im Gegensatz zu Zwingli ass er auch tatsächlich von der Wurst. Dieser verzichtete jedoch aus strategischem Grund, er wollte sich für die Verteidigung seiner Gefährten freihalten. So konnte er aus neutraler Sicht die Fastenbrecher in Schutz nehmen.

Das Wurstessen blieb natürlich nicht geheim. Die Empörung in der Stadt war gross, die Gerichtsverhandlung wurde zu einem Politikum ersten Ranges. Zwingli verteidigte seine Freunde von der Kanzel herab, später liess er die Predigt drucken. Aufbau und Inhalt weisen darauf hin, dass Zwingli seiner Predigt die Schrift «Von der christlichen Freiheit» von Martin Luther zugrunde legte, die Leo Jud ein halbes Jahr vorher aus dem Lateinischen ins Deutsche übersetzt hatte und von der er schrieb, er habe vorher nie Besseres und Nützlicheres gelesen.

Zwar schickte der Konstanzer Bischof Hugo von Landenberg in der Folge eine Gesandtschaft nach Zürich und diese konnte wohl den Rat darin bestärken, um der Ruhe und des Friedens willen bei der hergebrachten Ordnung zu bleiben. Die Mehrheit der Zürcher Bevölkerung wird sich jedoch darüber gefreut haben, dass sich die neue Freiheit durchzusetzen begann. Die Strategie von Huldrych Zwingli hatte sich bewährt: nichts überstürzen und dem Wandel Zeit geben. Und Leo Jud?

Er lud Gesinnungsgenossen nach Einsiedeln ein und besprach mit ihnen einen Brief an den Bischof von Konstanz, darin sie die Aufhebung des Zölibats forderten. Die Priester sollten heiraten dürfen. Sie protestierten in diesem Brief gegen den Brauch von Bussgeldern, welche die Priester für die Erlaubnis, eine Konkubine halten zu dürfen, dem Bischof bezahlen mussten. Sieben Priester aus Zürich, zwei von Schwyz und einer aus Zug und Luzern unterschrieben das Gesuch vom 2. Juli 1522. Zwingli gehörte natürlich auch zu ihnen. Kurz darauf unterzeichneten elf Geistliche im Einsiedler

Pfarrhaus von Leo Jud einen von Huldrych Zwingli verfassten Aufruf zur Freiheit der Evangeliumsverkündigung an die Eidgenossenschaft. Dem waren im Jahr 1519 Huldrych Zwinglis öffentliche Stellungnahme gegen die Soldverträge und Leo Juds Übersetzung der pazifistischen «Klage des Friedens» von Erasmus von Rotterdam ins Deutsche vorausgegangen.

Diese politischen Aktionen von Zwingli und Jud weckten in der Bevölkerung einiges Unbehagen. Man schimpfte sie Lutheraner, was mit Aufruhr verbunden wurde. Die Zürcher wollten Reformen im Sinn des Humanisten Erasmus von Rotterdam, wovon sie sich mehr Unabhängigkeit von Frankreich, von Rom und vom Bischof in Konstanz und mehr Bildung und Wohlstand versprachen. Aber Aufruhr? Nein, Aufruhr wollten sie nicht.

Zwingli und Jud hatten längst begonnen, gemeinsame Sache zu machen. Zum Beispiel anlässlich des Engelweihfestes in Einsiedeln im September 1522. Aus halb Europa kamen die Wallfahrer, und alle waren sie katholisch. Sie sollten für das Evangelium gewonnen werden. Leo Jud übersetzte Huldrych Zwinglis Lieblingsgedicht, «Die Klage Jesu am Kreuz»[9] von Erasmus von Rotterdam, ins Deutsche, liess es in Zürich bei Froschauer drucken, um den Pilgern ein Andenken an Einsiedeln mitzugeben. Dieses Gedicht hatte bereits im Jahr 1514 grossen Eindruck auf Huldrych Zwingli gemacht, es bestärkte ihn im festen Glauben, dass es zwischen Gott und Mensch keines anderen Mittlers bedürfe als Christus allein.

Das Engelweihfest wurde zum propagandistischen Höhepunkt der Zusammenarbeit der beiden Freunde. Huldrych Zwingli kam in jenem September nach Einsiedeln. Haben sie das Gedicht «Die Klage Jesu am Kreuz» gemeinsam vorgetragen? Bezeugt ist, dass beide predigten und dass das Gedicht von Erasmus regen Absatz fand.

Leo Jud und Huldrych Zwingli feierten den Aufbruch der christlichen Freiheit, den Frühling der Kirche. Damit aber sollte in Einsiedeln bald Schluss sein. Leo Jud war bereits am

1. Juni 1522 an die Pfarrkirche St. Peter in Zürich gewählt worden, am 2. Februar 1523 trat er sein Amt an, und Einsiedeln kehrte wieder in den Schoss der altbewährten, traditionellen katholischen Kirche zurück.

Dafür ging in Zürich die Post ab. Schulter an Schulter begannen die beiden Freunde mit dem gemeinsamen Werk, das in die Zürcher Reformation münden und das weltweit eine unerhörte Wirkung haben sollte.

Leo Jud hatte die Rolle des Alter Ego von Huldrych Zwingli. Er war der fleissige Gelehrte, der umtriebige Prediger und Seelsorger, der über alles verlässliche Freund und wenn es darauf ankam, war er Agent provocateur. Huldrych Zwingli dagegen war der geborene Kirchenpolitiker und bauernschlaue Stratege, er zog die Fäden und setzte seinen Freund Leo gekonnt ein.

## Vom Bildersturm zum Wörtersturm

Der Zürcher Rat wollte sich nicht in die theologische Auseinandersetzung einmischen. Genau das aber war die Absicht von Huldrych Zwingli, denn er wusste den Rat auf seiner Seite. Wie konnte er aufgerüttelt werden? Zwingli fand lange keinen Weg, den Rat zum Handeln zu bewegen. In dieser Situation übernahm Leo Jud die Rolle des brüllenden Löwen, des Ajax von Zürich, wie ihn Zwingli nannte, dabei wurde er von seinem Freund und Mentor geschickt gedeckt.

In der Künstlerkneipe an der Spiegelgasse 1 in Zürich treten sie auf: Hugo Ball, im kubistischen Kostüm eines Bischofs, rezitiert seine absurden Lautgedichte oder begleitet Emmy Hennings auf dem Klavier, während sie ihre Lieder singt. Das Publikum ist begeistert, als Hugo Ball aus seinem ersten dadaistischen Manifest liest: «Dada ist die Weltseele, Dada ist der Clou. Dada ist die beste Lilienmilchseife der Welt.»

Hans Arp, der Dritte im Bund, fügte mit trockenem Humor hinzu: «Bevor Dada da war, war Dada da».

Sie schlagen Alarm gegen den kranken Zeitgeist, gegen die Lethargie angesichts des kollektiven Vernichtungswahns des Ersten Weltkriegs, vor dem sie nach Zürich, einer Insel inmitten des Krieges, geflohen sind. Dada ist als Aufbegehren, als schräges Trillern derjenigen zu verstehen, die umgeben von brüllenden Löwen, im Vogelkäfig gefangen sind.

HUGO Eine echt dadaistische Aktion, euer Wurstessen, gegenständlich, sinnlich, anschaulich, ein Sakrileg, ein Abendmahl in der Fastenzeit, bei dem die Jünger eine Wurst verzehren, welche Ironie!

LEO Wir haben aufbegehrt gegen die Allmacht des katholischen Systems, da sich alles rechnet, mitsamt dem Fegefeuer.

HUGO Danach habt ihr den Grundstein gelegt für die Entfremdung der Zürcher vom christlichen Geist.

LEO Es ging uns um die Konzentration der Religion auf das Wesentliche.

HUGO Jedenfalls habt ihr den Zürchern die Wurst gleich wieder weggenommen und sie mit Wörtern überfüttert, das haben sie der Pfaffenherrschaft nie verziehen.

LEO Das Wort ist und bleibt der Schlüssel zum Göttlichen.

HUGO Das Bild ist die Mutter des Wortes.

LEO Schau dir die Menschen von heute an, wie sie dem Bild verfallen sind, wie sie in die kleinen Bildschirmchen starren.

HUGO Das Bild hat seine Würde verloren, es gilt nichts mehr, ihr habt ihm die Magie genommen, wie dumm war euer Bildersturm.

LEO Du sollst dir von Gott kein Bildnis machen.

HUGO Der Mensch braucht Bilder, sie sind die Speise der Seele.

LEO Die Katholiken hatten das Bilderverbot kurzerhand aus den Zehn Geboten verschwinden lassen.

HUGO Die haben eben noch einen Sinn für die religiöse Kunst.

LEO Das Bilderverbot steht im hebräischen Urtext der Bibel.

HUGO Da steht auch geschrieben, dass der Name Gottes nicht missbraucht werden darf. Da ist viel Schlimmeres geschehen als mit den Bildern. Es blieb uns nichts anderes übrig, als mit dem Missbrauch des Wortes aufzuräumen.

LEO Aha, so kam es vierhundert Jahre nach dem reformierten Bildersturm zum dadaistischen Wörtersturm.

HUGO Ja, das göttliche Wort selbst war total korrumpiert.[10]

LEO Ihr Dadaisten wurdet zu Wickelkindern einer neuen Zeit.

HUGO Wahrhaft, so steht's in meinem Tagebuch!

LEO Wie infantil, was für ein Golgota der Kunst, der Tiefpunkt der Geschichte Zürichs!

HUGO Die Kunst führt dazu, dass der Mensch sein Ich wie einen durchlöcherten Mantel ablegt.

## Die heisse Phase beginnt

Im Spätherbst 1522 verliess Leo Jud seine Stelle in Einsiedeln und übersiedelte nach Zürich. Bald schon platzte er in der Augustinerkirche mitten in den Gottesdienst und fiel dem ehrwürdigen Prior ins Wort, es kam zum Tumult, der den Rat von Zürich bewog, zur Beruhigung der Gemüter und zur Mässigung der theologischen Streitigkeiten auf den 29. Januar 1523 eine Disputation anzusetzen.

Damit geschah etwas Unerhörtes, nie Dagewesenes. Die weltliche Behörde übernahm die Rolle des Richters zwischen den kirchlichen Parteien. Bereits bei der Ausschreibung der

Disputation setzte der Rat fest, dass in Zukunft kein Priester mehr sei, wer nach eigenem Gutdünken und ohne Bezug zur Heiligen Schrift predige.

Im Streit um das Wurstessen im März 1522 hatte der Zürcher Rat noch auf die geistliche Autorität gehört, einige Monate später nahm er selbst die Zügel in die Hand. Ein epochaler Durchbruch, der den Übergang zur Zürcher Staatskirche markiert. Am 3. Januar 1523 wurde in der obrigkeitlichen Ausschreibung zur Disputation nicht die Reform der alten Kirche, sondern die reformierte Kirche aufgrund der staatlichen Souveränität proklamiert.

An der Disputation vom 29. Januar 1523 benutzte Leo Jud die Gelegenheit, darzulegen, wie er sein Amt am St. Peter drei Tage später, am 2. Februar, anzutreten gedenke.[11] Indem Leo Jud mit seiner Rede beherzt Partei für Huldrych Zwingli ergriff, war die Spur gelegt. Der Zürcher Rat beschloss, dass die Pfarrer damit fortfahren sollten, das Heilige Evangelium zu predigen. Solange, bis sie eines Besseren belehrt würden.

Ab Februar 1523 predigten Huldrych Zwingli im Grossmünster und Leo Jud auf der anderen Seite der Limmat im St. Peter das Evangelium, der Zulauf vom Land soll gross gewesen sein, alle wollten von der Kanzel das freie Wort, die Auslegung des Evangeliums hören.

Die Rollen waren verteilt. Huldrych Zwingli blieb zurückhaltend, ganz Stratege. Leo Jud übernahm weiterhin den aktiven Part. Er übersetzte die Liturgie aus dem Latein ins Deutsche, damit die Gemeinde nicht nur die Predigt, sondern den ganzen Gottesdienst verstehen konnte. So schrieb er zum Beispiel die erste Taufformel in deutscher Sprache.

Am 10. August 1523 vollzog Leo Jud in der Kirche St. Peter zum ersten Mal die Kindertaufe auf Deutsch. Noch wurde die Messe gelesen und die Heiligenbilder waren noch nicht geräumt, der Kirchenraum war reich ausgemalt und verziert, es gab Haupt- und Seitenaltäre mit Tafelbildern und Skulpturen, es brannten Kerzen, natürlich ein Ewiges Licht, es gab

Weihwasserbecken und Gefässe für Weihrauch, die Prozessionen fanden noch statt.

Dann hielt Leo Jud am 1. September 1523 im St. Peter seine Bildersturm-Predigt. Es trieb ihn die Überzeugung, dass die Heilige Schrift die Vernichtung aller Bildnisse in der Kirche befiehlt. Er bezog sich dabei auf das Zweite Gebot: «Du sollst dir kein Bildnis machen in irgendeiner Gestalt. Du sollst sie nicht anbeten noch ihnen dienen.»

Mit dieser Predigt ebnete Leo Jud den Weg für spontane Zerstörungen von Bildern und Kultgeräten in der Stadt und in umliegenden Dörfern. Da die Zürcher Obrigkeit jedoch eine Intervention der Eidgenossen aus der Innerschweiz befürchtete, verfolgte sie die Übergriffe mit gerichtlichen Untersuchungen.

Berühmt wurde der Fall des ersten Märtyrers der Zürcher Reformation, Klaus Hottinger, der Ende September 1523 in Stadelhofen, unmittelbar vor den Toren Zürichs, ein Wegkreuz zerstört hatte und darauf verhaftet, verbannt, erneut gefangengenommen und schlussendlich in Luzern enthauptet wurde.

In der Bildersturm-Predigt von Leo Jud spielte die Zählweise der Zehn Gebote eine wichtige Rolle. Im ursprünglichen hebräischen Bibeltext ist das Bilderverbot eigenständig das Zweite Gebot und hat grosse Bedeutung im Judentum, ist doch das Bilderverbot für die jüdische Religion zentral.

Für die katholische Kirche des Mittelalters wurde hingegen der Bilderkult wichtig. So integrierte man das Zweite Gebot kurzerhand ins Erste und brachte es damit praktisch zum Verschwinden.

In seiner Bildersturm-Predigt vertrat Leo Jud vehement die ursprüngliche hebräische Zählweise. So bekam das Zweite Gebot mit dem Bilderverbot in der reformierten Kirche seinen festen Platz, währenddessen die Katholiken, wie auch die Lutheraner, bei der mittelalterlichen Zählweise blieben.[12]

## Die Ehe fällt nicht vom Himmel

Als Leo Jud noch Leutpriester in Einsiedeln war, gehörte das Schwesternhaus auf der Alpegg zu seinem Wirkungskreis. Er hielt dort die Messe und betrieb Seelsorge. Schwester Katharina gefiel ihm, sie verzauberte ihn und er wusste, dass sie es wusste. Als er nach Zürich berufen wurde, war es für ihn nur noch eine Frage der Zeit, bis Katharina zu ihm ins stattliche Pfarrhaus an der Peterhofstatt kommen und als seine Ehefrau einziehen würde. Er war sich sicher, dass die Zeit reif war für die Priesterehe.

Hugo Ball, der Theatermann bei den Münchner Kammerspielen, lernt 1913 in der Künstlerkneipe Simpl Emmy Hennings, die exzentrische Bohème und Muse kennen. Es beginnt die ungewöhnliche Liebesgeschichte eines ungewöhnlichen Paares, das wild und libertär ein Leben voller Leidenschaften und Exzentrik lebt, das aber auch geprägt ist von Einsamkeit und Askese.

HUGO Das Paradies hat dich gefunden.

LEO Diesmal ist das, was du sagst, kein Unsinn.

HUGO Priester und Nonne selig vereint, diesseits von Eden ohne Ehesakrament.

LEO Welche Befreiung, dass ich Katharina lieben und offiziell in der Kirche heiraten durfte.

HUGO Wahrhaft, acht Kinder hat sie dir geboren.

LEO Jesus ist das sanfte Joch, er hat mir Katharina zur Seite gestellt.

HUGO Deine Katharina aber hatte ein hartes Joch, das Conjugum, das Ehejoch, fast allein zu tragen.

LEO Ich gebe zu, ich hatte wenig Zeit für sie und für die Kinder, es gab Zeiten, da war sie überfordert, ich hatte nicht den Mut, mit ihr darüber zu reden.

HUGO Ich habe mit Emmy immer über alles geredet, es hat nichts gefruchtet, je mehr wir geredet haben, desto komplizierter wurde die Beziehung, je näher wir uns kamen, desto mehr haben wir uns voneinander entfernt.
LEO Reden hat seine Zeit und Zuhören hat seine Zeit, das Geheimnis der guten Ehe.
HUGO Das Rezept aus deiner Tätigkeit im Zürcher Ehegericht.
LEO Du sagst es.
HUGO Die Enge hat uns geplagt, wir waren trunken von der weiten Welt und hatten doch längst den Horizont mit dem Schwamm weggewischt.
LEO Dabei wart ihr mit dem Ehesakrament der Una Sancta Catholica verbunden!
HUGO Die Ehe ist heilig, sie hat Emmy und mich für immer und ewig verbunden.
LEO Die Ehe ist menschlich, ich habe viel Elend gesehen.
HUGO Ohne absoluten Bezug wird das Ehejoch zur unerträglichen Last.
LEO Deine unbelehrbare katholische Seele.
HUGO Mit eurer Aufräumaktion habt ihr alles Sakrale und damit das Geheimnis der göttlichen Gegenwart zum Verschwinden gebracht.
LEO Wir haben die Religion verinnerlicht.
HUGO Der Mensch ist ein rissiger Brunnen, der das Wasser nicht hält, so steht es schon im Alten Testament.

## Die erste Pfarrfrau am St. Peter

Ausgerechnet die Übersetzung der berühmten Schrift «Von der christlichen Freiheit» von Martin Luther widmete Leo Jud den Waldschwestern auf der Alpegg bei Einsiedeln. In der Widmung weist Leo die Schwestern darauf hin, dass er sich immer Mühe gegeben hat, sie im Vertrauen und in Liebe zu unterweisen, damit sie nicht menschlichen Irrtümern verfallen würden. Dazu habe er ein lateinisches Büchlein vom Glauben und dem wahren christlichen Leben gefunden, das ihm so wohl gefalle, dass ihn dünke, er habe zuvor nie Besseres und Nützlicheres gelesen. Das habe er nun auf Deutsch übersetzt und er schenke es den Schwestern in der Hoffnung, dass wenn sie es mit Fleiss und Ernst lesen und behalten, ihr Leben in kurzer Zeit verändert und wahrlich geistlich würde, nicht allein in äusserlichem Schein und Kleidung, sondern in allen Werken, Worten, Sitten und in allen Übungen.

In der Folge traten drei Waldschwestern, unter ihnen Katharina Gmünder, aus der Schwesterngemeinschaft Alpegg aus.

Am 2. Februar 1523 trat Leo Jud sein Amt als Leutpriester am Zürcher St. Peter an und bereits am 17. November des gleichen Jahres feierte er mit seiner Katharina Gmünder Hochzeit. Als erster Leutpriester von Zürich hat Leo Jud in aller Öffentlichkeit geheiratet, ein halbes Jahr vor Zwingli, zwei Jahre vor Martin Luther.

Was man weiss von Katharina Gmünder: Sie wurde 1493 in St. Gallen als Tochter von Hans Gmünder und Verena Moser geboren, sie lebte mit vier Geschwistern in einem Weberhaushalt, wo sie das Handwerk des Webens erlernte. Im Jahr 1515 fiel ihr Vater in der Schlacht bei Marignano.

Wie kam Katharina dazu, das Ordensgelübde abzulegen und in das Schwesternhaus auf der Alpegg einzutreten? Wir wissen es nicht. Sie muss sich dann in den zuständigen Leutpriester Leo verliebt haben und zu ihm nach Zürich gezogen sein. Nach der Heirat schrieb Leo Jud an seinen Freund Joachim Vadian in St. Gallen: «Ich führte sie vor Zeugen in meine Kirche und sie wohnt mit mir zusammen, die schönste und frömmste Jungfrau und tugendhafteste Gemahlin.»

Beide hatten einst vor Gott und dem Altar das Gelübde der Ehelosigkeit abgelegt, Katharina als Nonne, Leo als Priester. In einem unerhörten Akt des Ungehorsams gegenüber dem kirchlichen Recht vollzogen sie öffentlich in der Kirche St. Peter die Ehe, was aus römisch-katholischer Sicht als Ketzerei galt und zum Ausschluss aus der Kirche hätte führen müssen.

Huldrych Zwingli schrieb gut zwei Jahre später an Joachim Vadian: «Dem Leo hat seine ehrbare Frau glückliche Zwillinge geboren und zwar einen Knaben und ein Mädchen. Daran mag die Welt sehen, wie der Allmächtige seine Verehelichung gesegnet hat.»

In Zürich war Katharina Gmünder als Mutter Leuin bekannt. Da das Pfarrergehalt nicht hoch war und die Familie stetig wuchs, musste sie mit Weben tüchtig dazuverdienen. Sie galt als tüchtige Hausfrau und Haushälterin, sie führte einen grossen Haushalt mit den Kindern, dem Neffen Fabricius Montanus, der als zusätzliches Kind bei ihnen wohnte, und immer wieder auch mit Gästen und Flüchtlingen aus aller Welt, die für kurz oder auch etwas länger im Pfarrhaus beherbergt wurden. Trotzdem stand sie im Jahr 1542, als Leo starb, mit drei Kindern und dem Neffen mittellos da. Der Nachfolger von Huldrych Zwingli, Heinrich Bullinger, setzte sich für sie ein und bewegte den Zürcher Rat zu einer grosszügigen Rente, so dass sie das Haus zum Roten Bären an der Kirchgasse erwerben konnte.

1572 zog Mutter Leuin, unterdessen 82-jährig, zu ihrer Tochter Susanne ins Pfarrhaus nach Rickenbach. Im November 1583 starb sie im 94. Altersjahr, nachdem sie die letzten fünf Jahre blind war und «wie ein Kind und sich selbst und ihrer Umgebung zu grosser Bürde und Beschwerde wurde», wie ihr Sohn Johannes überlieferte.[13]

Zwei Söhne, Johannes und Leo Theoderich, hatten Theologie studiert und waren Pfarrer geworden. Susanna, die einzige Tochter, die das Erwachsenenalter erreichte, hatte den Pfarrer von Rickenbach geheiratet. Und auch der Neffe Fabricius Montanus, der im Pfarrhaus an der Peterhofstatt aufgewachsen und ein äusserst begabter Schüler gewesen war, hatte Theologie studiert, er wurde als Pfarrer von Chur zu einer prägenden Gestalt der Reformation in Graubünden.

## Belehrung oder spirituelle Erfahrung

Das Gemeinschaftswerk von Huldrych Zwingli und Leo Jud war so richtig in Fahrt gekommen. Nach der Methode von Erasmus von Rotterdam übersetzten Gelehrte der Zürcher Kirche an der neuen Hochschule, der Prophezei, gemeinsam mit den Pfarrern Bibeltexte aus dem Hebräischen und dem Griechischen ins Deutsche. Mit dem wissenschaftlichen Umgang mit der Bibel rückte die Bildung ins Zentrum der Tätigkeit der Geistlichen.

Hugo Ball und seine Dada-Freunde sind bald einmal erschöpft von ihren nächtlichen Aufführungen im Cabaret Voltaire. Hugo Ball ergreift zusammen mit Emmy Hennings die Flucht, sie ziehen in den Süden. In Magadino am Lago Maggiore geniessen sie die Sonne, das Schwimmen und das verträumte Glockenspiel der nahen Kirche. Hugo Ball sucht intensiv nach der geistigen Grundlage der Existenz. Man besucht die Aussteiger auf dem Monte Verità, findet sie oberflächlich. Zusammen mit Friedrich Glauser ziehen sich Hugo Ball und Emmy Hennings für eine Weile in die Einsamkeit auf eine Alp zurück, wo sie das einfache Leben suchen und dabei mit ihrer komplexen Seelenlage konfrontiert werden. Ob Emmy Hennings es nicht lassen konnte, den jungen Glauser zu verführen? Bald wird die Übung abgebrochen, die Nerven liegen blank, man hat kein Geld mehr.

HUGO Stand am Anfang der Reformation das Aufbegehren der christlichen Freiheit, habt ihr daraus ein Lehrgebäude gemacht, übrigens mit grossem Erfolg.

LEO Sollten wir das Feld den Katholiken überlassen?

HUGO Der Erfolg ist Gift für die Spiritualität. Schau mich an, als gescheiterte Existenz habe ich meinen Weg zurück zur Religion gefunden.

LEO Wirklich?

HUGO Meine Mutter bezeichnete mich an meinem 30. Geburtstag als Hungerleider, als Sträfling, anstatt als Soldat den Krieg gewinnen zu helfen, würde ich mich mit Deutschlands Feinden im Ausland herumtreiben und wilde Ideen verkünden.

LEO Ein hartes Joch, eine solche Mutter!

HUGO Statt mit einer anständigen Frau würde ich mit einer Geschiedenen mit Kind, einer Exprostituierten und Kriminellen, die sich nicht schämt, ihre Gefängniserlebnisse öffentlich zu machen, in wilder Ehe zusammenleben.

LEO Ich glaube nicht mehr an Karriere, an Geld, an Macht, um es so zu nennen. Ich glaube glühend an die Ohnmacht, an das Kleine, Unterdrückte.

HUGO Genau, das waren meine Worte, die ich meiner Mutter damals an den Kopf geworfen habe, als sie wieder einmal meinte, ich hätte doch Gymnasiallehrer werden sollen.

LEO Dafür bist du 1916 mit deinem Dada in die Geschichte eingegangen.

HUGO Es war nur ein trotziges Aufbegehren, man soll aus einer Laune keine Kunstrichtung machen.

LEO Unser Aufbegehren hatte ungeahnte Folgen.

HUGO Wie ein Löwe hast du für die Freiheit gebrüllt und hast nicht gemerkt, dass du mit den Jahren zum Handlanger der gnädigen Herren von Zürich mutiertest.

LEO Wir haben mit aller Kraft aufbegehrt!

HUGO Das anfängliche Feuer war bald für immer erloschen.

LEO Es bleibt das göttliche Wort.

HUGO Das göttliche Wort wurde Fleisch und mit Nägeln ans Kreuz geschlagen, was für ein Skandal! Die Welt ist aus den Fugen.

LEO Wir glaubten an den Geist, der stark und lebendig genug ist, diesen Zustand aufzuheben.

HUGO Ach, den Geist habt ihr verbildet, gezähmt und dann unter Denkmalschutz gestellt.

LEO Die Menschen müssen begreifen, was sie glauben und dazu braucht es Bildung.

HUGO Schau dir die Welt und die Menschen an und wohin Religion und Bildung geführt haben, zum kollektiven Verblödungswahn.

## Die Zürcher Bibel, ein Gemeinschaftswerk

Das Paradebeispiel der gelungenen Zusammenarbeit war die Übersetzung der Heiligen Schrift, die Zürcher Bibel. Im Herbst 1523 wurde unter der Leitung von Huldrych Zwingli die Prophezei eingerichtet, biblische Unterrichtsstunden für Geistliche. An fünf Tagen in der Woche übersetzten und erklärten Jakob Ceporin und nach seinem frühen Tod Konrad Pellikan das hebräische Alte Testament, anschliessend Zwingli und Grossmann das griechische Neue Testament. Unterrichtssprache war Latein. Leo Jud hatte die Aufgabe, die Ergebnisse der Auslegung den interessierten Laien auf Deutsch vorzutragen. Das gemeinsame Übersetzen wurde jeweils mit dem Gebet eröffnet: «Öffne und erleuchte unseren Sinn, damit wir dein Wort rein und heilig verstehen und in das, was wir richtig begreifen, verwandelt werden.»

In den Jahren 1524 bis 1531 erschienen beim Buchdrucker Froschauer zuerst das Neue Testament, dann das Alte Testament. Drei Jahre vor der deutschen Lutherbibel hatten die Zürcher Reformierten mit vereinten Kräften die Bibelübersetzung in die Volkssprache zustande gebracht.

Leo Jud forderte in seinen Predigten weitere Schritte in der Kirchenreform, wie die Einführung des Abendmahls anstelle der Messe und die Abschaffung des Fronleichnamsfestes. Besonders machte er sich für die Auflösung des Ehesakraments stark. Es gelang. Das katholische Sakrament der Ehe wurde durch die Zulassung der Ehescheidung gebrochen und das geistliche Chorgericht durch ein städtisches Ehegericht ersetzt, das aus vier Laien und zwei Pfarrern bestand. Leo Jud spielte dabei eine zentrale Rolle, er war über viele Jahre Mitglied des Ehegerichts. Die Zwangsheirat und die heimliche Ehe wurden verboten und das heiratsfähige Alter für Frauen wurde auf 19 Jahre erhöht. Die Reformation prägte eine neue Ethik der Verantwortung: Die Ehemänner sollten sich um die Familie kümmern, das Spielen wurde verboten, die Bordelle geschlossen, die Arbeit und das Leben in der Familie wurden zum «Gottesdienst im Alltag».

## Das Sakrament der Bildung

Leo Jud konnte nicht verstehen, dass sein Idol Erasmus von Rotterdam sich standhaft weigerte, Partei für die Reformation zu ergreifen. Gerade im symbolischen Verständnis des Abendmahls zeigte sich die Herkunft der Zürcher Reformation im Humanismus von Erasmus von Rotterdam, es unterschied sie von den Katholiken und auch von den Lutheranern. Christus ist beim Abendmahl nicht als Substanz, nicht irgendwie leibhaft im Brot und im Wein anwesend, sondern im Gedenken der feiernden Gemeinde.

Hugo Ball entwickelt sich in religiöser Hinsicht vom Anarchisten zum Mystiker. Mit der Institution Kirche kann er allerdings nicht viel anfangen, er bahnt sich seinen Weg durch den Dschungel von Dogmen, Bekenntnis, Ritualen auf der Suche nach der unsichtbaren Kirche, dem Göttlichen in der Gegenwart.

HUGO Ihr Reformierten habt der christlichen Religion das Geheimnis und die Kraft genommen.

LEO Wir haben aufgeräumt mit dem Hokuspokus der Messe.

HUGO Es heisst *hoc est corpus meum,* das ist mein Leib.

LEO Wo bleibt der Dadaist und Wortverächter?

HUGO Ich achte die heilige Wandlung, sie enthält viel Kraft.

LEO Mit dem sakralen Verständnis hat sich die katholische Kirche allerdings vom Ursprung entfernt.

HUGO Im Gegenteil, in der heiligen Wandlung der Messe wird das Göttliche den Sinnen zugänglich.

LEO Wir glauben an die Kraft des Gedenkens.

HUGO Was für eine Torheit, euer symbolisches Verständnis des Abendmahls.

LEO Die Menschen haben es verstanden.

HUGO Mit dem Kopf, aber nicht mit den Sinnen.

LEO Um Jesus zu verstehen, braucht es den Kopf, darum habe ich einen Katechismus geschrieben.

HUGO Was für ein seelenloses Unterfangen.

LEO Erst einmal habe ich auf einer Tafel zusammengestellt, was ein Christ auswendig wissen sollte.[14]

HUGO Auf dass das Rezept des Glaubens die gemütliche Stube ziere.

LEO Womit ziertest du deine Stube?

HUGO Mit dem Bild des Symeon auf der Säule!

LEO Ach, die Heiligenverehrung!

HUGO Das Bild des Säulenheiligen gab mir Kraft für die Flucht aus dem Wahn der Zeit.

LEO Wirklich?

HUGO Das Absurde und Extreme kann das tägliche Leben mit einer besonderen Kraft erfüllen.

LEO Wir beschritten den Weg über die Bildung, die Verbindung von Glaube und Vernunft.

HUGO Aus den sieben Sakramenten habt ihr Reformierte das Sakrament der Bildung gemacht.

LEO Gut beobachtet, wir haben den Menschen beigebracht, die Bibel zu verstehen. Die Bibel verstehen bedeutet, sich in das verwandeln, was man mit dem Verstand begreift.

HUGO Schau, was daraus geworden ist, ein kirchliches Bildungsprogramm, das im Bildungsprogramm der Moderne jedoch nicht mehr vorkommt.

LEO Ja, die Religion hat es schwer in diesen Zeiten!

HUGO Was bei dem Wortschwall der obrigkeitshörigen Pfarrer und Schulmeister, der den grossen und kleinen Schafen über Jahrhunderte zugemutet wurde, kein Wunder ist.

LEO Ich habe die Kinderlehre in der Zürcher Kirche eingeführt.

HUGO Nach dem Motto Bildung ist alles.

LEO Lasset die Kinder zu mir kommen, heisst es in der Heiligen Schrift. Ich habe sogar einen Katechismus für die kleinen Kinder geschrieben.[15]

HUGO Jesus hat die Kinder gesegnet, nicht belehrt. Ihr habt keinen Sinn für das Sakrale in der Religion, der Protestantismus ist eine Philologie, keine Religion.

## Die Illusion vom gemeinsamen Abendmahlsverständnis

Es war doch Erasmus von Rotterdam gewesen, der mit der historischen Kritik einen neuen Zugang zur Quelle der christlichen Religion geöffnet hatte. Es war doch Erasmus gewesen, der die kirchlichen Bräuche hinterfragte und mit dem symbolischen Verständnis den Kern der öffentlichen Frömmigkeit, das Feiern des Abendmahls, auf eine zeitgemässe Basis stellte. Wieso nur blieb er auf der katholischen Seite?

Im Jahr 1526 wollte es Leo Jud wissen. Er sammelte alle Äusserungen von Erasmus und Luther über das Abendmahl, stelle sie einander gegenüber und suchte den gemeinsamen Nenner. Diese Schrift war brisant, war das richtige Verständnis des Abendmahls doch der Streitpunkt zwischen Martin Luther und den Zürcher Reformierten. Im April 1526 erschien die Schrift beim Buchdrucker Froschauer in Zürich unter dem

Pseudonym «Ludovicus Leopoldi, Pfarrer zu Leberau. Des hochgelehrten Erasmus von Rotterdam und Doktor Luthers Meinung vom Nachtmahl unseres Herrn Jesu Christi».

Leo Jud suggerierte in dieser Schrift, Erasmus und Luther hätten im Grunde das gleiche Abendmahlsverständnis, nämlich dasjenige der Zürcher. Der einzige Unterschied bestünde darin, dass es Erasmus höflich auf Latein sage, währenddem es Luther Deutsch und deutlich verkünde. Beide würden sie jedoch am gleichen Strick ziehen, indem sie die katholische Messe mit der heiligen Wandlung im Zentrum kritisierten.

Die Behauptung von Leo Jud, Erasmus und Luther hätten im Grunde das gleiche Abendmahlsverständnis, war höchst abenteuerlich. Wollte er damit Erasmus und Luther dazu bewegen, sich offen zum symbolischen Abendmahlsverständnis der Zürcher zu bekennen? War er so naiv zu meinen, er könne sie mit seiner Schrift dazu bringen, über ihren Schatten zu springen? Dabei waren beide darauf aus, sich von den Zürchern abzugrenzen!

Luther tobte, Erasmus war abgeklärt genug, Leo Jud sachlich zu widerlegen. Es solle sich jede religiöse Partei in der Selbsterkenntnis üben und sich selbst bessern. Bevor man ein neues Verständnis der christlichen Lehre einführe, solle man sich der Frage stellen, ob man damit der Sache diene, denn wer bessern wolle, mache oft das Gute schlimmer, und in der Religion richte die vermeintliche Medizin oft mehr Schaden an als die Krankheit.

Erasmus von Rotterdam warf Leo Jud vor, er würde sie nötigen, sich in dogmatischen Lehrfragen den Zürcher Reformierten anzuschliessen.

Damit hat Erasmus Leo Jud einen Denkzettel verpasst, der ihn sehr geschmerzt haben musste. Sein Versuch, alle reformerischen Kräfte von Erasmus über Zwingli bis zu Luther auf eine Linie zu bringen, erwies sich als reines Wunschdenken.

## Die erfolgreichste Schule des Kuschens

«Warum bloss verwenden die Menschen ihren Verstand lieber dazu, sich ihren Untergang zu bereiten, als dazu, ihr Glück zu bewahren?», fragt Erasmus von Rotterdam in der Schrift «Die Klage des Friedens»[16]. Leo Jud hatte sie in seiner Einsiedler Zeit ins Deutsche übersetzt. Wie lieb waren ihm die Worte des grossen Humanisten. Er las sie immer und immer wieder, diese von der Sehnsucht nach Frieden beseelten Worte, und er war überzeugt, genauso hatte es Jesus in der Bergpredigt gedacht, es war die Spur Gottes in der Welt.

Auf dieser Spur waren die Zürcher mit ihrer Kirchenreform, schliesslich hatten sie Huldrych Zwingli und Leo Jud als Anhänger des Erasmus von Rotterdam nach Zürich geholt. In seinem Geist sollten die jungen Männer, statt als Söldner und Kanonenfutter in fremde Länder verkauft, zu nützlichen Gliedern der Gesellschaft herangebildet werden!

Doch dann meldete sich von vielen Seiten erbitterter Widerstand gegen die Reformen. Die einen wollten, dass alles beim Alten bliebe, die anderen suchten den radikalen Bruch mit der alten Ordnung.

Huldrych Zwingli und Leo Jud gerieten in den Sog der Politik und damit zwischen die Fronten. Es schien ihnen nichts anderes übrig zu bleiben, als den humanistischen Geist des Erasmus zu verraten, indem sie sich einerseits gewaltsam von der radikalen Reform der Täufer abgrenzten und andererseits zum Kampf gegen die Katholiken aufriefen, um die Reformation zu retten.

Auf diesen wunden Punkt im Wirken von Leo Jud legt Hugo Ball nun den Finger. Er kennt sich aus, hat er sich doch selbst in einem Moment der Verirrung von der Kriegseuphorie anstecken lassen. Auch er hat für einen Moment als Ausweg aus der bedrückenden Atmosphäre nur noch den Krieg gesehen.

Im August 1914 schreibt er: «Kunst? Das ist nun alles aus und lächerlich geworden. In alle Winde zersprengt, das hat alles nun keinen Sinn mehr.»

Hugo Ball meldet sich freiwillig zum Kriegsdienst, wird aber für untauglich erklärt. In der Absicht, einen verwundeten Freund in Luneville zu besuchen, bekommt er einen Einblick in die Schrecken an der Kriegsfront. Damit ist er für immer von seiner Kriegsbegeisterung geheilt. Sarkastischer Ausdruck davon ist sein Gedicht «Totentanz», das Emmy Hennings am 5. Februar 1916 im Cabaret Voltaire mit beissendem Spott zur eingängigen Melodie des sogenannten Dessauer Marsches zum ersten Mal vorträgt, es wird ein Cabaretschlager.[17]

HUGO Du hast Erasmus verraten, nun schmorst du bei mir im Fegefeuer.

LEO Es lag mir schon zu Lebzeiten schwer auf dem Magen.

HUGO Immerhin hat er den Verrat gespürt.

LEO Erst sitzt man beim Übersetzen der «Klage des Friedens» ...

HUGO ... dann erwacht man mit einem Mal im Auge des Tornados.

LEO Es war schon zu spät, als ich es realisierte.

HUGO Das sagen sie alle.

LEO Ich wollte Zwingli vom Krieg gegen die Katholiken abhalten.

HUGO Wirklich? Der Ajax von Zürich?

LEO Ich gebe zu, dass es einen Moment gab, da ich keinen anderen Ausweg mehr sah, die Freiheit der Verkündigung in den katholischen Orten zu erringen, als mit dem Schwert.

HUGO Erst als es schon zu spät war, ist dir die Klage des Friedens von Erasmus wieder in den Sinn gekommen.

LEO Ja, da war es zu spät, erst am Ende meines Lebens konnte ich es offen eingestehen.[18]

HUGO Auch bei mir gab es einen Moment, da ich im Krieg den einzigen Ausweg sah. Als ich es erkannte, war es auch zu spät.

LEO Dann hast du Gedichte gegen den Krieg geschrieben.

HUGO Mein Totentanz-Gedicht wurde über die Schützengräben gestreut.

LEO Was soll ein Soldat im Schützengraben mit einer Lebenserwartung von nur wenigen Tagen mit Worten?

HUGO Was vermag ein Gebet?

LEO Stimmt, der Mensch lebt nicht vom Krieg allein.

HUGO Aber der Krieg lebt vom Kuschen allein.

LEO Deine These!

HUGO Der Protestantismus ist bei weitem die erfolgreichste Schule des Kuschens.

LEO Du hättest sehen sollen, wie Zwingli und ich uns gewehrt haben!

HUGO Gewehrt hat sich dann vor allem dein böser Magen!

## Der böse Magen und der Stern von Zürich

Es schlug ihm auf den Magen, das Vermächtnis seines Vaters, der die schlafende Gemeinde wecken wollte und daran zerbrach. Oder war es der bittere Vorwurf von Erasmus, sie würden nun auch in Zürich seinen Humanismus verraten?

Leo Jud wurde über Jahre von einem bösen Magen geplagt. Er suchte Linderung mit der bitteren Schleifenblume und dem Blattwurz, schliesslich hatte er in Basel in einer Apotheke gearbeitet und drei Jahre Medizin studiert. Manchmal nützten die Kräuter, manchmal nicht. Dann suchte er Hilfe beim bekannten St. Galler Gelehrten, Politiker und Arzt Joachim Vadian. Im Briefwechsel zwischen den Beiden ist immer wieder von der körperlichen Befindlichkeit von Leo Jud die Rede. 1527 schrieb Leo Jud in einem Brief an Joachim Vadian, seine Medizin brächte ihm keine Erleichterung, sie würde die Sache nur verschlimmern. In der Folge suchte Leo Jud Hilfe bei Paracelsus, dem berühmt-berüchtigten Wunderarzt. Er wird ihn bei einem Besuch in Zürich im Jahr 1527 kennengelernt haben. Jedenfalls wandte sich Paracelsus vier Jahre später seinerseits an Leo Jud. Im Begleitbrief zu seiner Kometenschrift sprach er ihn an, wie ein Arzt seinen Patienten: «... dieweil ich deine Art, Komplex und Wesen kenne ...»

1531 war ein Schicksalsjahr für die Zürcher Reformierten. Es gab Gerüchte, dass die katholischen Kantone der Innerschweiz die Habsburger um Hilfe gegen die Reformierten ersucht hätten. Huldrych Zwingli hatte im Vorfeld des ersten Kappeler Krieges geschrieben: «Wir haben nichts Grausames im Sinn, sondern all unser Vorhaben zielt auf Freundschaftliches und Väterliches. Wir wollen nichts anderes, als die Freiheit der Verkündigung schützen.»

Der bevorstehende Krieg war Tagesgespräch in den Schanksstuben und Wirtshäusern. Man war skeptisch, ob es den Pfaffen um Zwingli gelingen würde, zu erwirken, dass auch in den anderen Kantonen die freie Predigt des Evangeliums möglich würde.

Da erschien im August 1531 ein Stern am Himmel von Zürich. Es handelte sich um den berühmten Kometen, den der englische Astronom Edmond Halley im Jahr 1705 als alle 76 Jahre periodisch wiederkehrend erkannte.

Das Erscheinen eines Kometen wurde damals als göttliches Zeichen des Unheils gesehen. Heinrich Bullinger überliefert in seiner Reformationsgeschichte, dass Zwingli den Stern als Vorzeichen seines Todes gedeutet habe.

Keine Woche nach dem Auftauchen des Kometen schickte Paracelsus Leo Jud seine Kometenschrift nach Zürich mit der dringenden Bitte, sie in den Druck zu geben. Paracelsus stand im Ruf eines Quacksalbers und Wunderheilers, gar eines Scharlatans. Seine Schriften wurden kaum mehr gedruckt. Nur dank der Vermittlung von Leo Jud war Froschauer bereit, die Schrift zu drucken, allerdings ohne Angabe des Druckers.

Gott habe die Sterne, so schreibt Paracelsus, bei der Schöpfung an den Himmel gestellt, sie durchlaufen ihre Bahn von selbst. Der Komet aber sei nicht von Anfang an erschaffen worden und durchlaufe nicht von selbst seine Bahn, er sei ein Monstrum, das Gott an den Himmel gestellt habe, um anzuzeigen, dass er in die Wirren der Zürcher Reformation eingreifen und den Sieg der stärkeren Partei, das heisst, der Katholiken, verhindern wird.

Paracelsus wollte mit seiner Deutung der Meinung zuvorkommen, dass der Komet den Untergang der Reformation ankünde. Ob Leo Jud wieder von seinem bösen Magen geplagt wurde?

## Religion an den Fleischtöpfen der Obrigkeit

Die Niederlage in der Schlacht bei Kappel brachte die Reformation in Gefahr. Der Komet am Himmel von Zürich schien doch Unheil bedeutet zu haben. Fürs Erste gaben viele Zürcher Huldrych Zwingli die Schuld an der Katastrophe, sie hatten genug von der Pfaffenherrschaft.

Und Leo Jud? Für ihn bedeutete die Niederlage von Kappel erst einmal das Ende der grossen Freundschaft und das Ende des folgenreichen Gemeinschaftswerks mit Huldrych Zwingli. Sie markierte auch das Scheitern ihres gemeinsamen Bestrebens nach freier Evangeliumsverkündigung in allen Gebieten der Eidgenossenschaft.

Beinahe hätte die Niederlage von Kappel auch das Ende der Zürcher Reformation bedeutet. Leo Jud spielte bei der Überwindung der Krise eine wichtige Rolle. Er kämpfte wie ein Löwe und wurde damit zu einem Eckpfeiler des Erfolgs der Zürcher Reformation.

Hugo Ball sieht schon im Herbst 1916 das Ende des Dadaismus voraus, er zieht sich von der Bühne in die Abgeschiedenheit zurück, um seine geistigen Kräfte zu sammeln. Bereits die dadaistische Zeit ist geprägt gewesen von der Suche nach einem neuen Zugang zum Sakralen. So hat Hugo Ball im Cabaret Voltaire ein dadaistisches Krippenspiel inszeniert, das in den Karfreitag mündet. Dass der heilige Ernst von Hugo Ball vor dem Hintergrund der Erfahrung des Ersten Weltkriegs auf der Bühne seinen verqueren Ausdruck findet, das ist im Nachhinein in seiner Abgründigkeit kaum mehr nachzuvollziehen.

HUGO Ironie der Geschichte, die Zürcher wollten dir an den Kragen.

LEO Sie gaben mir die Schuld an der Katastrophe, Zwingli war ja tot.

HUGO Es heisst, du hättest dich in Frauenkleidern über die Limmat in Sicherheit gebracht.

LEO Üble Nachrede. Was daran stimmt: Ich musste mich für ein paar Tage verstecken.

HUGO Wer zum Schwert greift …

LEO Ich gab mein Letztes, um zu retten, was noch zu retten war.

HUGO Du hättest die Nachfolge von Zwingli antreten sollen.

LEO Es wäre der Untergang der Zürcher Reformation gewesen.

HUGO Das hätte euch gut angestanden, der Untergang macht frei, im Scheitern wird die Religion menschlich, der Erfolg macht bloss konform.

LEO Bullinger war der richtige Wagenlenker der Zürcher Kirche.

HUGO Nur zum Schein, in Tat und Wahrheit hat er sie zu Tode gerettet.

LEO Kirchen sind Luftschlösser.

HUGO Meine Worte.

LEO Sichtbare Kirchen sind ein Sakrileg, auch deine Worte.

HUGO Ihr Reformierte habt das Sakrale und die Askese aus der Kirche verbannt, stattdessen zog der Untertanengeist ein.

LEO Wir haben uns gegen den Zürcher Rat gewehrt, so gut wir konnten.

HUGO Sieh, was daraus geworden ist.

LEO Einmal hielt ich eine richtige Standpauke, es war im Grossmünster, alle Ratsherren waren gekommen.

HUGO Du hattest grosses Glück, dass sie dich nicht gleich in die Limmat warfen. Dann aber hat dich Bullinger wieder auf die Zürcher Linie gebracht.

LEO Ich hatte nicht die Kraft dagegenzuhalten.

HUGO Damit war dein Platz in der Zürcher Kirche an den Fleischtöpfen der Obrigkeit gesichert.

## Leo Jud nach der Niederlage bei Kappel

Der Chronist Johann Stumpf war ein Zeitgenosse von Huldrych Zwingli und Leo Jud. Er hielt die Ereignisse nach der Schlacht bei Kappel fest.[19]

«So», schliesst der Chronist Johann Stumpf seinen Bericht, «wurde alle Schuld des Krieges den Erschlagenen zugemessen, die nicht Antwort geben konnten. Die Lebenden aber zogen den Kopf aus der Schlinge und die meisten wetteten darauf, dass man in Zürich in kürzester Zeit wieder die Messe lesen werde. Es schien klar, warum Zürich den Krieg hatte verlieren müssen.»

Es hingen dunkle Wolken über der Zürcher Reformation. Der Kaiser versprach, gegen Zürich vorzugehen, um die Reformation in der Schweiz und in Deutschland rückgängig zu machen. Der päpstliche Nuntius anerbot sich, nach Zürich zu kommen, um mit dem Zürcher Rat über die Schulden zu sprechen. In der drückenden Finanznot, die auf Zürich lastete, verfehlte dieser Antrag seine Wirkung nicht. Die Zürcher Ratsherren fingen an, darüber zu beraten, wie man die Verhandlungen mit Rom am besten und ohne Einbusse an Geld und Ansehen führen könnte.

Das ganze Reformwerk schien in diesen Tagen auf den Schultern von Leo Jud zu lasten, täglich predigte er im Grossmünster und im St. Peter. In jenen Tagen der Bedrängnis soll er das schöne, innige Lied, das heute noch im reformierten Gesangbuch steht, gedichtet haben: «Dein, Dein soll sein das Herze mein, Du Hilf und Trost der Armen!»

Der Zürcher Rat entschied, Heinrich Bullinger sollte der Nachfolger von Huldrych Zwingli werden. Leo Jud, der Elässer, schien den Zürchern kein verlässlicher Kirchenpolitiker zu sein, zudem führte er als humanistischer Gelehrter eine zu feine Klinge. Der Entscheid für Heinrich Bullinger rettete die Zürcher Reformation über die Zeit. Der Preis aber war hoch, die christliche Freiheit wurde zunehmend eingeschränkt, die Zürcher Kirche entwickelte sich mehr und mehr zur Obrigkeitskirche.

Es ist denkbar, dass Leo Jud den 27-jährigen Heinrich Bullinger zum Nachfolger von Huldrych Zwingli vorschlug, weil er genau wusste, was kommen würde.

Jedenfalls wurde Heinrich Bullinger am 9. Dezember 1531 vom grossen Zürcher Rat einstimmig zum Grossmünster-Pfarrer gewählt und Leo Jud konnte wieder tun, was ihm behagte: die zweite Geige spielen. Das Gemeinschaftswerk der Zürcher Reformation ging weiter und Leos Magen hörte nicht auf, ihn zu plagen.

# ZWEITER TEIL

## Die Flucht aus der Zeit

# Bei den Stolzen

Die Reformation hat mit dem Fegefeuer aufgeräumt. Huldrych Zwingli bezeichnete diesen dritten Ort neben Himmel und Hölle als reines Märchen und verspottete ihn als Milchkuh der Päpstler, sie hätten diese Vorstufe zum Himmel bloss erfunden, um damit gutes Geld zu machen. Es war beschämend genug, wie die Kirche den Hinterbliebenen für Totenmessen und Fürbitten Geld abknöpfte, indem sie diesen in ihrer Sorge um die Plagen ihrer Liebsten in Aussicht stellten, deren Aufenthalt im Fegefeuer zu verkürzen.

Abgesehen davon hat die Vorstellung vom Fegefeuer durchaus ihre Logik als endzeitliche Therapie und endgültige Läuterung. Es könnte sein, dass nicht egal ist, wie sich der Mensch in seinem irdischen Leben verhält und welche Spuren er hinterlässt.

Als der Reformator Leo Jud auf sein Fegefeuer trifft, beginnt es in ihm zu arbeiten. Hart ist die Konfrontation mit den Schatten der Reformation, zäh das Ringen um Selbsterkenntnis und Läuterung. Im vertraulichen Gespräch mit Hugo Ball keimt bei Leo Jud langsam die Einsicht: Was beim Aufbruch der Reformation geschah, hat seine dunkle Kehrseite. Wo Licht ist, ist auch Schatten. Nach fünfhundert Jahren Reformation ist es an der Zeit, sich diesem langen Schatten zu stellen. Im Verlauf der Läuterung werden nun auch dunkle Seiten aus dem persönlichen Leben von Leo Jud ans Licht kommen, menschlich Allzumenschliches.

Im Leben von Hugo Ball ist Dada bloss die Spitze des Eisberges. Das halbe Jahr der dadaistischen Bühnenauftritte in Zürich ist nur eine Episode, die eingebettet ist in eine bemerkenswerte geistig-religiöse Biografie. Sie erweist sich als ein erstaunlich kreativer Antipode zu Leben und Werk von Leo Jud.[20]

Nach der Konfrontation mit den Folgen der Reformation führt Hugo Ball Leo Jud durch das Tor in das Innere des Fegefeuers, das man sich als einen Vulkan mit sieben Terrassen vorstellen soll, die mit steilen Treppen verbunden sind. Auf jeder Terrasse wird die büssende Seele von einer der sieben Todsünden geläutert.

Nach dem Eingangstor und der ersten Treppe kommen Hugo Ball und Leo Jud zur ersten Terrasse in den Kreis der Stolzen. Es folgen Stufe um Stufe die Kreise der Trägen, der Zornigen, der Neidischen, der Habgierigen, der Schlemmer und der Wollüstigen.

HUGO Schau sie dir an, die Stolzen im Fegefeuer, ein Felsbrocken drückt sie nieder, dass sie nicht mehr frei aufschauen können.

LEO Was auf Erden als Kampf um einen Platz an der Sonne begonnen hat, wird am Ende ein ewig lächerliches und völlig nutzloses Sich-Erheben über die anderen.

HUGO Es ist ihre Eitelkeit, die auf ihnen lastet.

LEO Allein die Gnade kann sie von ihrer Last erlösen.

HUGO Schau, selbst die Gnade ist ein Teil ihres erbärmlichen Treibens.

LEO Sie ist bis heute unser Prinzip.

HUGO Gnade, Auslese, Selektion, Willkür, diese schiefe Bahn soll göttlich sein? Sie ist nicht einmal menschlich, sie ist abscheulich, schau sie dir an, die Hochmütigen im Fegefeuer!

LEO Sie sind dem Bild verfallen, das sie von sich selbst in die Welt hinausprojizieren.

HUGO Bist du immer noch stolz auf die Zürcher Reformation?

LEO Du sollst dir kein Bildnis machen, das Zweite Gebot haben wir ernst genommen, dabei bleibe ich.

HUGO Wie hältst du's mit dem Wort?

LEO Wenn ich mir den Missbrauch des Wortes in der Folge der Reformation vergegenwärtige, wie es geschunden, mit

Füssen im Staub zertreten wurde, wie es auf die schiefe Bahn der Menschenverachtung geriet, wird mir wind und weh.

HUGO Ich bin gespannt auf den Schluss, den du daraus ziehst.

LEO Stolz ist fehl am Platz, ich werde mich in aller Demut ans Wort halten, dein Dada-Aufruhr gegen den Missbrauch des Wortes nach vierhundert Jahren Reformation war bitter nötig, das sehe ich nun klar.

HUGO Erst der Bildersturm ...

LEO ... dann der Wörtersturm!

HUGO Welcher Sturm ist in der heutigen Zeit angesagt?

LEO Mir scheint, die digitale Welt halte die Menschen in babylonischer Gefangenschaft, es ist, als ob sie die Menschen von heute gleichzeitig aussaugt und aufsaugt.

HUGO Wieder eine flächendeckende Leibeigenschaft, wieder ist die Menschenseele in den Bann einer Magie geraten, die ihr alles verspricht und ihr in Tat und Wahrheit die Grammatik der Unterwerfung eintätowiert, wieder drückt der Geist die Schulbank des Kuschens.

LEO Zwingli und ich waren überzeugt, die magische Bilderwelt des Mittelalters für immer überwunden zu haben, doch sie muss die Menschen trotz unseres Aufbegehrens eingeholt haben.

HUGO Heureka! Die Läuterung von Leo beginnt Früchte zu tragen, Einsicht statt Gnade, kritischer Geist statt Unterwerfung.

LEO Sehet die Vögel des Himmels, sie säen nicht und ernten nicht und sammeln nicht in Scheunen ...

HUGO Auch ein Dadaist, der diese Worte gesagt hat.

LEO ... und euer Vater im Himmel ernährt sie doch.

HUGO Demut, Versöhnung mit der Natur statt ewiger Krampf mit der Sünde.

LEO Da wäre noch etwas.

HUGO Ja?

LEO Mein letztes Werk war die lateinische Übersetzung der Zürcher Bibel, sie war mein ganzer Stolz.

HUGO Ich weiss, du wolltest damit in die Geschichte eingehen, sogar die Katholiken auf der ganzen Welt sollten dich in dieser neuen lateinischen Bibel bewundern.

LEO Ich gebe es zu, es war meine Schwäche, Gott hat mich dafür bestraft und liess mich sterben, bevor ich es zu Ende gebracht hatte.

HUGO Die Übersetzung aus dem hebräischen Alten Testament soll dir besonders gut gelungen sein.

LEO Eben.

HUGO Heraus mit der Sprache.

LEO Bei der Übersetzung aus dem Hebräischen hat mir ein jüdischer Gelehrter, der zum Christentum konvertiert war, geholfen. Er konnte mir ohne Mühe jedes hebräische Wort so anschaulich vor Augen führen, dass es ein Leichtes war, es ins Latein zu übersetzen.

HUGO Aber sein Beitrag wurde verschwiegen, sein Name ist nirgends erwähnt, da haben wir es. Dir gebührt die Ehre und Bullinger sonnt sich im Vorwort, aber der Jude ging vergessen.

LEO Gott sei's geklagt.

HUGO Erzähl mir über ihn.

LEO Michael Adam ist sein Name, geboren in Krakau, er kam nach Zürich und wohnte bei Konrad Pellikan, er unterstützte ihn bei seinen Talmudstudien und kam Tag für Tag zu mir, um mir beim Übersetzen des Alten Testaments zu helfen. Er heiratete eine Zürcherin und bat uns, ihm dabei zu helfen, das Zürcher Bürgerrecht zu bekommen. Doch dann habe ich ihn aus den Augen verloren.

HUGO Ihr habt ihm versprochen, euch beim Rat für ihn einzusetzen, aber ihr habt es nur halbherzig getan.

LEO Eine armselige Geschichte.

HUGO Ja.

LEO Sag mir eins.

HUGO Was meinst du?

LEO Warum bin ausgerechnet ich es, der nach fünfhundert Jahren Reformation diesen Läuterungsweg gehen muss?

HUGO Du bist mir von höherer Stelle zugeteilt worden.

LEO Um mich zu beschämen!

HUGO Das glaube ich nicht.

LEO Wozu denn?

HUGO Ich weiss nur so viel: Es muss mit uns beiden zu tun haben. Jetzt aber komm, wir müssen weiter, der Weg der Einsicht und der Reue ist steil, er führt uns himmelwärts.

## Der 38-jährige Hugo Ball schildert sein Leben

Hugo Ball ist mit seiner Frau Emmy Hennings und deren Tochter Annemarie auf einer Italienreise. Sie machen Aufenthalt bei Salerno, südlich von Neapel. Er ist 38 Jahre alt und schaut auf sein Leben zurück.

«Ich will Ihnen auch sagen, wie es um meine Daten steht. Geboren bin ich am 22. Februar 1886, von Eltern, die ebenso echte Katholiken wie begeisterte Deutsche waren. Die Mutter ist vor wenigen Jahren gestorben; sie war so streng im Glauben und in ihrer Lebensführung, dass das Kind sich fürchtete. So haben die ganze Herzenserziehung zwei Schwestern der Mutter übernommen. Tante Selma, die in rührendster Demut im Hause lebte und starb, musste am Abend oftmals die ganze Familie um mein Bett versammeln, weil ich vor Tränen nicht in den Schlaf kommen konnte; ich fürchtete, am nächsten Tag schon alle verloren zu haben. Die andere Schwester der Mutter war Klosterfrau in Speyer, Schwester Philomena; sie starb auch dort. In meiner Kinderzeit war sie stets Vorsteherin einiger Schulschwestern in der Saar- und der Rheingegend. Ich erinnere mich, dass ich mit der Mutter oft bei ihr zu Besuch war, und dass in meinem neunten Jahr mittags bei Tisch von den Schwestern die Geschichte des Heiligen Laurentius gelesen wurde. Der Vater lebt noch, in hohen Jahren; er war so gütig und voller Erfindung und Nachsicht, wie die Mutter streng war. Beide Eltern aber waren in Pirmasens, meiner Geburtsstadt, nicht zu Hause. Der Vater stammt aus einer alten Forstfamilie im Spessart, die Mutter aus der Rheingegend, wenn nicht aus Schwaben.

Ich besuchte das Gymnasium zu Zweibrücken, studierte drei Jahre Literatur, Geschichte und Philosophie in München, Heidelberg und Berlin. Schrieb eine Dissertation über ‹Nietzsche und die Erneuerung Deutschlands›, ging dann aber, da der Wissensbetrieb mir erstorben schien, unvermittelt zum Theater über (als Dramaturg, nicht als Schauspieler). In dieser Eigenschaft trat ich mit sehr vielen modernen Dichtern und Künstlern in direkte oder indirekte Beziehung. 1914, als der Krieg ausbrach, hob ich jedoch mit meiner Stellung die ganze Theaterwelt auf und ging in die Schweiz. Weitere drei Jahre in Zürich, Basel und im katholischen Tessin mit Künstlern und Politikern aus vielen Nationen. 1917–1920 beteiligte ich mich in Bern an der republikanischen Aktion gegen die protestantische Monarchie in naher Berührung mit Mgr. Dr. von Mathies in Genf, und schrieb mein erstes grösseres Buch ‹Zur Kritik der deutschen Intelligenz› (1924 in Bearbeitung unter dem Titel ‹Die Folgen der Reformation›). Wichtiger aber als die Politik in Bern waren meine damaligen Privatstudien. Kardinal Mercier und Prof. Baeumker führten mich in die Neuscholastik ein; mit Emmy zusammen las ich die deutschen Mystiker und Katharina Emmerich. Die Enttäuschung der Revolutionsjahre, von denen ich mir eine Wiedergeburt Deutschlands versprochen hatte, liess mich nach kurzem Aufenthalt in München, Berlin und Flensburg in die Schweiz zurückkehren und zwar in ein kleines Dörfchen im Tessin (Agnuzzo bei Lugano), wo zwischen 1920 und 21 mein ‹Byzantinisches Christentum› entstand. Nach einer Generalbeichte in München 1922 kehrte ich abermals in den Tessin zurück, von wo ich mit den Meinen (meiner Frau Emmy Hennings und deren Tochter Annemarie) 1924 nach Rom und dann hierher (Vietri sul Mare bei Salerno) reiste.»[21]

## Bei den Trägen

Im 12. Jahrhundert hat sich das Fegefeuer im Glauben der abendländischen Christenheit als dritter Ort im Jenseits neben Himmel und Hölle etabliert. Im Fegefeuer haben die Verstorbenen, die in ihrem Erdenleben schwere, aber verzeihliche Sünden begangen haben, die Chance, doch noch in den Himmel zu kommen. Hinzu kam die Vorstellung, dass die Hinterbliebenen durch ihre Fürbitten die Aufenthaltsdauer ihrer Liebsten am Ort der Läuterung verkürzen können. Welch ein Machtinstrument, was für eine Einnahmequelle in der Hand der Kirche, wenn sie über den Zeitraum der Seelen im Fegefeuer verfügen kann. Während der Messe liess man den Kollektenbeutel herumreichen, um das Geld der Gläubigen einzusammeln für das Hilfswerk der Seelen in der Pein der Läuterung.

Abgesehen vom Machtmissbrauch und der Korruption, die mit dem Fegefeuer einhergingen, enthält es eine besondere Dynamik. Der Kirchenvater Origenes hat das Fegefeuer bereits im 3. Jahrhundert als pädagogische Kraft der Reinigung beschrieben: Manche Menschen würden durch das Leben auf Erden gereinigt, andere müssten Verpasstes nach ihrem Tod nachholen. Eine Flamme aus dem Fegefeuer würde jedenfalls noch jedem guttun und diejenigen, die auf Erden in ihrer Trägheit verharren, wach machen und zur Läuterung anregen.

HUGO Sieh die Trägen, sie strampeln auf dem Laufband, stemmen das Gewicht, hüpfen im Rhythmus zur Musik, sie bewegen sich fortwährend und treten doch an Ort.

LEO Die Welt der Trägen ein Fitnessstudio, ekstatisch zuckende Puppen, seelenlose Leiber.

HUGO Ein Gespenst geht um in Zürich.

LEO Nun?

HUGO Nur von der christlichen Religion befreit, sind wir wirklich frei.

LEO Worin sehen die Menschen die Freiheit?

HUGO In der Arbeit, im Geld, im Konsum, im Fitnessprogramm, wenn es hoch kommt bei Yoga, Meditation, Zen. Da üben sie die geistige Leere ein.

LEO Was für ein gnadenloser Leerlauf und das nach fünfhundert Jahren erfolgreicher Reformation.

HUGO Der Erfolg ist ja gerade das Problem, er ist der lange Schatten der Reformation. Der Erfolg macht die Seele überflüssig, der Sozialstaat macht die Nächstenliebe überflüssig, die Bildung macht die Religion überflüssig, das nennt man Verweltlichung, Säkularisierung, alles wird zu einer Frage der Organisation, bis schliesslich alles von selbst läuft, wenn es nur recht geschmiert wird.

LEO Ja, das muss es sein, die erfolgreiche Reformation ist im Verlauf der letzten fünfhundert Jahre zum Hemmschuh für die christliche Spiritualität geworden.

HUGO Heureka, die Läuterung des Leo Jud kommt in Gang. Bis heute haftet am Wort in eurem Mund der Geruch von Obrigkeit, Zucht und Ordnung längst vergangener Zeiten, darum fliehen es die Menschen, auch dann, wenn ihr euch mit euren illustren kirchlichen und kulturellen Angeboten modern gebt.

LEO Ah, darum eure Dada-Kindereien auf der Bühne, der Nonsens war euch wirklich ernst.

HUGO Wenn ihr nicht umkehrt und werdet wie die Kinder, werdet ihr nicht in das Himmelreich hineinkommen.

LEO Kinder und Narren sagen die Wahrheit.
HUGO Ein wahres Wort, ein Weckruf. Komm, weiter geht's auf dem steilen Weg der Läuterung.

## Die grosse Zeit des Dada an der Spiegelgasse 1

Pirmasens, wo Hugo Ball aufwächst, ist die Stadt der Schuhherstellung. Er wird in eine Lehre in einer Lederhandlung geschickt, eine Plackerei für den begabten jungen Mann, der intellektuelle und künstlerische Ambitionen hat. Sein Leib wehrt sich, er hat einen Kollaps und darf ans Gymnasium, danach studiert er in München und Heidelberg Germanistik, Geschichte und Philosophie. Nietzsche und sein nihilistischer Geist werden seine geistige Heimat, da herrscht der alte griechische Gott Dionysos und mit ihm Kreativität, Rausch, Aufbegehren gegen das Bildungsbürgertum in Kirche und Gesellschaft. Hugo Ball ist zwar von Nietzsche begeistert, er will jedoch nicht in der Philosophie verharren, sondern er wagt den Sprung in die Kunst, die direkt an der Kreativität, am Rausch, am Aufbegehren teilhat.

Im Jahr 1914 wird Hugo Ball von der allgemeinen Kriegseuphorie erfasst, meldet sich für den Kriegsdienst, wird aus gesundheitlichen Gründen abgewiesen. Auf eigene Faust reist er an die Westfront, wo er mit dem Schrecken des Krieges konfrontiert wird. Er schreibt am 14. November 1914 in seine Tagebuchaufzeichnungen «Die Flucht aus der Zeit»: «Was jetzt losgebrochen ist, das ist die gesamte Maschinerie und der Teufel selber. Die Ideale sind nur aufgesteckte Etikettchen. Bis in die letzte Grundfeste ist alles ins Wanken geraten.»

Zurück in Berlin bewegt sich Hugo Ball in Expressionistenkreisen. «Lasst uns chaotisch sein» lautet das Motto.

In dieser Zeit begegnet er Emmy Hennings, der Liebe seines Lebens. Sie, die exzentrische Maskenspielerin, das Liebchen der Berliner Männerwelt, die drogensüchtige Boheme und er, der spröde Intellektuelle, der asketische Theatermensch, der immer schwarz gekleidet die Ausstrahlung eines etwas sonderlichen Priesters hat? Die hübsche, lebenslustige Emmy Hennings und der lebensfremde, selbstquälerische Hugo Ball, der immer auf der Suche nach dem Absoluten ist, um sein Dasein zu rechtfertigen?

Emmy Hennings: «Als ich zum ersten Mal Hugo hinter Gittern sah, vergass ich alle Gefängnisse der Welt.»

Hugo Ball ist ihr treuer und verständnisvoller Freund, Emmy Hennings sein exzentrisches, gefallenes, nach dem Paradies süchtiges Mädchen, das er als ihr väterlicher Freund beschützt. Sie beide verbindet der heilige Ernst der Suche nach dem Paradies und natürlich sind sie als Theatermenschen unheilbare Narzissten. Sie gehen im Mai 1915 zusammen ins Exil nach Zürich, leben in grösster Armut und treten in verschiedenen Varietés auf. Hugo Ball ist das jedoch zu oberflächlich, zu seicht, zu sehr Zirkus, er gründet im Februar 1916 das Cabaret Voltaire. Ist Europa tief im Krieg versunken, gilt es in der Kunst eine Gegenwelt darzustellen. Mit Verrücktheiten auf der Bühne rebelliert Hugo Ball gegen den blutigen Wahnsinn der Zeit, es gruppieren sich um ihn und Emmy Hennings Richard Huelsenbeck, Tristan Tzara, Hans Arp, Marcel Janco.

«Im närrischen Klamauk von Dada beginnt das Religiöse. Das bemerkten damals allerdings die wenigsten. Und heute bemerken es die Kunstbeflissenen in der Regel immer noch nicht.»[22]

Dada ist ein Narrenspiel aus dem Nichts, in das alles Bedrängende der Zeit verwickelt wird, auch das Sakrale. Gerade das ist für die säkulare Öffentlichkeit die eigentliche Provokation, nicht der Kunstklamauk an und für sich. Damit macht sich Hugo Ball allerdings auch im eigenen Kreis der Künstler unmöglich, es bleibt ihm nichts anderes übrig als die Flucht aus Zürich. Im August 1916 zieht er zusammen mit Emmy Hennings in den Tessin. Gerade ein halbes Jahr hat die Zeit des Dada in Zürich gedauert. Die Flucht aus der Dada-Episode führt Hugo Ball zur intellektuellen Auseinandersetzung mit der abendländischen Kultur und Religion, für ihn sind die traditionellen Kirchen allerdings Luftschlösser des Vergangenen. Es muss andere Zugänge zur Quelle der Religion geben als die Dogmen und Rituale der Kirche. Lebt die Kirche in der Vergangenheit, sucht Hugo Ball die Begegnung mit dem Göttlichen in der Gegenwart, welche die Kraft enthält, die stark und lebendig genug ist, um dem korrumpierten Zeitgeist zu wehren oder wenigstens sich ihm zu entziehen.

## Bei den Zornigen

Dante Alighieri, der 1265 in Florenz zur Welt kam und 1321 in Ravenna starb, schrieb in den Jahren der Verbannung die «Göttliche Komödie». Damit setzte er dem Fegefeuer mit seinem dichterischen Genie ein einzigartiges Denkmal. In seiner Imagination des Jenseits lässt sich Dante vom römischen Dichter Vergil zuerst durch die Schrecken der Hölle führen, dann durch das Purgatorium. Stufe um Stufe überwindet die büssende Seele und mit jeder Stufe erlischt bei Einsicht und Reue eine der sieben Todsünden. Im strahlenden Morgenlicht öffnet sich auf dem Gipfel des Läuterungsberges das irdische Paradies, im roten Kleid und weissen Schleier, den Ölblattkranz im Haar, schwebt Beatrice heran, wie sie dem jungen Dante in Florenz zum ersten Mal erschienen ist. Er verliert sich in dem heiligen Lächeln der himmlischen Geliebten, sie aber weckt ihn aus seiner Seligkeit, indem sie ihn mit seinem verfehlten Leben konfrontiert. Das ist zu viel für ihn, er sinkt bewusstlos nieder. Beatrice übt radikale Kritik am katastrophalen Zustand der katholischen Kirche, sie habe Christus verleugnet, verraten und verstossen, sie gleiche einem Wagen, der vom Wagenlenker verlassen, führerlos dem Abgrund entgegentreibe.

HUGO Schau, wie schrecklich die Zornigen gedemütigt werden, ziellos irren sie umher, der Zorn hat sie blind gemacht. Da halten wir uns gleich lieber an die Demut.

LEO Aber wir wollen uns den prophetischen Zorn über das Unrecht auf Erden nicht austreiben lassen.

HUGO Ganz recht, die leidende Kreatur braucht das Aufbegehren. Genial war dein Auftritt am Engelweihfest in Einsiedeln.

LEO Ich war im besten Alter und voller Ideale.

HUGO Hattest noch Appetit und einem gesunden Magen.

LEO Ja, ich war voller Elan und wollte die Menschen aus ihrer Lethargie wecken. Das Gedicht von Erasmus schien mir das richtige Mittel dafür. Jesus am Kreuz spricht zu den Menschen, stell dir das vor: Es ist der Aufschrei der leidenden Kreatur.

HUGO Du hattest Sinn für die Bühne und das Absurde, du hast den Menschen den Spiegel hingehalten, Ironie vom Besten, religiöse Intelligenz.

LEO Etwas später war ich mittendrin im politischen Aufruhr der Zürcher Reformation, das hatte ich nicht gewollt.

HUGO Du hattest nicht die Kraft, dich in der Sache der Täufer oder beim drohenden Krieg gegen die Innerschweizer Katholiken gegen Zwingli zu stellen.

LEO Da hätte es meinen prophetischen Zorn gebraucht.

HUGO Es plagte dich schon damals.

LEO Ich hörte die Schreie der armen Täufer, die in der Limmat ertränkt wurden. Sie liessen mir keine Ruhe, sie verdarben mir den Appetit, sie fuhren mir in den Magen. Seit fünfhundert Jahren höre ich die Schreie von der Limmat her, sie vermischen sich mit der Stimme Jesu am Kreuz:

Du wusstest, was du tatest und hast dich nicht gewehrt, du hast uns verraten.

HUGO Weisst du, das Schlimmste ist, wenn der Aufschrei der leidenden Kreatur verstummt.

LEO Das Wort vom Kreuz bleibt für alle Zeiten gültig.

HUGO Wenn satte Künstler und fette Priester es im geschützten Raum vortragen?

LEO Das Kreuz Christi hält uns für immer und ewig den Spiegel hin, wenn dich einer auf die rechte Backe schlägt …

HUGO … dann halte ihm auch die andere hin, auch ein Dadaist, der das gesagt hat. Ihr aber habt daraus ein Bildungsprogramm gemacht.

LEO Die Menschen hatten einen grossen Durst nach Bildung, sie wollten wissen, was sie glauben sollen.

HUGO Mit deinem Zürcher Katechismus hast du begonnen, was zum monumentalen Lehrgebäude anwuchs, um dann nach fünfhundert Jahren in der Leere der transzendentalen Obdachlosigkeit zu enden.

LEO Bildung ist alles, davon waren wir überzeugt, es führt die Menschen zu sich selbst und über sich selbst hinaus zur christlichen Freiheit.

HUGO Schön wär's! Ihr habt Gross und Klein belehrt, statt sie zur christlichen Freiheit zu führen.

LEO Sie waren wie Schafe, die keinen Hirten haben.

HUGO Eben, Schafe brauchen einen Zaun, damit sie vor dem Wolf sicher sind.

LEO Wir mussten die Menschen vor den Päpstlern schützen.

HUGO So wurde aus der christlichen Freiheit ein Schutzwall gegen die Katholiken.

LEO Ich ahnte es bereits, als mich Zwingli nach Zürich bestellte, ich geriet in den Sog seiner Politik.

HUGO Du warst eine Figur in Zwinglis kirchenpolitischem Spiel.

LEO Bei ihm habe ich gerne mitgespielt, später bei Bullinger wurde es ungemütlich, aber ich hielt mich daran fest, dass das göttliche Wort durch sich selbst wirkt, wenn wir es nur richtig übersetzen und lehren und es beherzt von der Kanzel verkündigen.

HUGO Und wenn es durch den Schmutz gezogen wird?

LEO Es gab Zeiten, da ahnte ich es.

HUGO Und wenn es zum Mittel der Unterdrückung wird?

LEO Das wollte ich nicht, nein, frei sollten die Menschen sein, keine konforme Herde, christlicher Glaube meint nicht Unterdrückung, sondern Gottvertrauen, kindliche Freude, prophetisches Aufbegehren der leidenden Kreatur, Selbsterkenntnis, Vergebung, die andere Backe hinhalten.

HUGO Heureka, so spricht Leo Jud auf dem Weg zur Läuterung! Komm, der Weg ist steil, wir sind noch nicht in der Hälfte.

## Hugo Balls Angriff auf den Protestantismus

Im Jahr 1918 publiziert Hugo Ball die Schrift «Kritik der deutschen Intelligenz», darin er den deutschen Untertanengeist auf den Protestantismus zurückführt und für die religiöse Anarchie eintritt: «Wir brauchen keinen Gott, der uns noch stärker an die irdischen Herrschaftsverhältnisse fesselt, sondern einen, der uns davon befreit, einen Gott der Freiheit eben.»

Religion erschafft eine kritische Distanz zur Lebenswirklichkeit. Darin sieht Hugo Ball das Wesen des Glaubens, er ist frei, äussert sich im freien Wort, stellt einen Fuss in die Tür, damit ein Türspalt offen bleibt und die Sicht frei wird für die Transzendenz.

Der Glaube lebt allerdings von einer Quelle, die ausserhalb des Menschen liegt. Darum braucht die Religion gemeinsames Feiern, was wiederum ein verbindliches Ritual voraussetzt, das gegenständlich, anschaulich und sinnlich erfahrbar ist. Hugo Ball hat die Messe der römisch-katholischen Kirche als Inszenierung des Heiligen vor Augen.

Hugo Ball bezeichnet den Protestantismus als abstrakt und phantasielos. Ein Gottesglaube ohne Bezug zum Anschaulichen und zum Sinnlichen sei so fragil wie die Lektüre eines Romans. Solange man am Lesen ist, schenkt man ihm seine Aufmerksamkeit, legt man ihn aus der Hand, hat er keinen Einfluss mehr auf die Seele.

Obwohl Hugo Ball die Institution Kirche kritisch hinterfragt, hält er nun doch an ihrer Berechtigung fest, da sie das verbindliche Ritual garantiert. Er zieht aus seiner Erkenntnis die Konsequenz, nimmt an der Messe teil und legt die Generalbeichte ab. Seine Künstlerfreunde sind perplex, für sie ist die katholische Kirche längst kein Thema mehr, es befremdet sie, wie Hugo Ball sie zum Thema macht und sich auf sie einlässt. Sie halten es für eine Schwäche und spotten, seine Emmy habe ihn katholisch gemacht.

Hugo Ball bringt mit seiner theologischen Schrift aufs Tapet, was für seine ehemaligen Künstlerfreunde ein Tabu ist: Auch der Mensch der Moderne hat ein religiöses Bedürfnis, auch das Menschsein in der Moderne braucht geistliche Nahrung, auch der moderne Mensch ist angewiesen auf eine Quelle ausserhalb seiner selbst. Und – bei allem Fortschritt der Wissenschaften gilt, dass das Verhältnis zum Leben selbst nicht mit den Mitteln der Wissenschaften zu erfassen ist, sondern nur mit den Fähigkeiten des Geistes, die sich auf die Transzendenz beziehen.

Ein paar Jahre später vertieft Hugo Ball in die Schrift «Die Folgen der Reformation» seine Kritik am Protestantismus: Weil dieser mit dem Sakralen aufräumte, reduzierte er die Religion auf die Moral. Nur zum Schein stehen die hehren Begriffe wie göttliche Gnade, christliche Freiheit, Versöhnung noch immer im Zentrum des Protestantismus, in Tat und Wahrheit führt er zu Schuldgefühl, Selbstzerknirschung, Selbstverfeindung.

Nach Hugo Ball ist das rechte Verhältnis des Menschen zur Religion ein ästhetisches, kein moralisches. Er verbindet Religion einerseits mit Askese, dem Verzicht auf jede Konformität, andererseits aber auch mit dem Feiern der Lebensfülle, dem Ausdruck ekstatischer Freude, dem Fest der Sinne, einem Bankett des geistigen Genusses.

## Bei den Neidischen

Das Fegefeuer soll im 12. Jahrhundert im Milieu der Pariser Intellektuellen gesellschaftliche Bedeutung erlangt haben. Wie kann es ein selbstbewusstes Stadtbürgertum geben, wenn Stolz und Neid als Todsünden gelten, die direkt in die Hölle führen? Kam das Problem des Geldverleihens dazu. Im Mittelalter war das Zinsgeschäft streng verboten. Das Fegefeuer machte neben dem aufstrebenden Stadtbürger auch den Berufsstand des Bankers salonfähig, indem es auch für sie die Möglichkeit schuf, über die endzeitliche Therapie und die endgültige Läuterung doch noch in den Himmel zu kommen.

Neben dem Fegefeuer war in der Reformation auch die Beichte und damit das Sakrament der Absolution abgeschafft worden. Der freie Zugang des einzelnen Menschen zu Gott war eine wichtige Errungenschaft der Reformation, jeder Mensch steht seinem Schöpfer ohne priesterliche Vermittlung direkt gegenüber. Das persönliche Gebet rückte damit ins Zentrum der religiösen Praxis, um das Gewissen zu erleichtern, Vergebung der Sünden zu erlangen und Kraft zu schöpfen für den Alltag. Prägend wurde die Vorstellung vom «stillen Kämmerlein» in der Bergpredigt. Im geschützten Raum kann sich der Einzelne seinem göttlichen Gegenüber unverstellt geben und ihm im Vertrauen sagen, was ihm auf der Seele liegt. Neben dem Gebet erwies sich in der Folge der Reformation das vertrauliche Gespräch als Quelle der Vertrauensbildung.

HUGO Grauenhaft, die Neidischen im Fegefeuer, sie fressen sich gegenseitig auf, sie führen uns vor Augen, welche Zerstörung der Neid auf Erden unter den Menschen anrichtet.

LEO Er frisst die Seele. In der Zeit des reformatorischen Aufbruchs hat mich Zwingli immer wieder mit den Worten getröstet: Leo, ärgere dich nicht über die Zürcher, betrachte ihren Neid als ihre Art der Anerkennung.

HUGO Ein seelsorgerlicher Rat, hat er dir geholfen?

LEO Im Umgang mit den gnädigen Herren von Zürich durchaus, aber sonst ...

HUGO Erzähl.

LEO Ich habe noch nie darüber gesprochen, es ging mir zu nahe.

HUGO Dann ist es höchste Zeit.

LEO Pech und Schwefel kommen über mich.

HUGO Du weisst, es ist die letzte Gelegenheit.

LEO Es geht um den Fabricius.

HUGO Wie? Grosszügig hast du den Sohn deiner Schwester Clara bei dir aufgenommen und ihn wie deinen eigenen Sohn behandelt.

LEO Du redest von deiner Grosszügigkeit, mit der du die kleine Annemarie zu deiner Tochter gemacht hast.

HUGO Wie gerne hätte ich so viele Kinder gehabt wie du, ein Heim, ein Dach für Leib und Seele, eine Familie. Aber erzähl, was war mit dem Fabricius?

LEO O ewige Plage meiner Seele!

HUGO Siehe da, ein Reformierter mit einer Seele. Aus ihm ist immerhin etwas geworden, Fabricius, der bekannte Reformator Graubündens.

LEO Wer ohne Sünde ist, werfe den ersten Stein.

HUGO Ah, eine weitere Einsicht zeichnet sich ab.

LEO Klagen half nicht, beten half nicht, ich hab's versucht.

HUGO Im Anfang war das Wort, sag schon, was war mit dem Fabricius?

LEO Was für eine Schmach, Schande über mich.

HUGO Verstehe, du hast ihn geliebt, mehr als deine Frau und deine Kinder.

LEO Gar nichts verstehst du! Es gibt da nichts zu verstehen, es war der Teufel, der mich geritten hat.

HUGO Aus dir wird noch ein richtiger Katholik, mal den Teufel an die Wand, zeig deine Schwäche.

LEO Er war so begabt, der Fabricius, ein kleiner Erasmus von Rotterdam. Wie er mich bewundert hat, wie er begierig alles Wissen aufgesogen hat, wie schön er schreiben konnte, er dichtete sogar lateinische Verse, ich hatte nur Augen für ihn.

HUGO So entsteht, was die Seele frisst, der Neid!

LEO Als ich die Verzweiflung der anderen wahrnahm, war es zu spät.

HUGO Ein wahrhaft göttliches Versagen, Gott hatte nur Augen für die Opfergabe von Abel, die Opfergabe von Kain aber sah er nicht.

LEO Ein wahres Teufelswerk, die Bevorzugung.

HUGO Dein Sohn Johannes hätte den Fabricius wohl am liebsten beseitigt. Allein, was blieb ihm, als ein unglückseliges Dasein zu fristen.

LEO Gramma berida bimbala.

HUGO Dabei hast du dich bemüht, allen deinen Kindern gerecht zu werden, die Söhne hast du in Latein unterrichtet und doch hast du versagt.

LEO Ein halbes Jahrtausend liegt der Felsbrocken nun auf meiner Seele, jetzt beim Aussprechen der Sache spüre ich, wie die Last leichter wird, was für eine Wohltat, das vertrauliche Gespräch!

HUGO Heureka. Die Läuterung des Leo Jud geht weiter, siehst du, man muss den Teufel an die Wand malen, um ihn blosszustellen und seine Macht zu brechen. Los, weiter geht's, wir nehmen den Schwung mit, wir brauchen ihn, denn es wartet auf uns noch eine grosse Aufgabe.

## Byzantinisches Christentum

Im Jahr 1920 beginnt Hugo Ball im Tessiner Dorf Agnuzzo am Luganersee mit der Arbeit am Manuskript zum Buch «Byzantinisches Christentum. Drei Heiligenleben». Stand bisher die Kritik an der Reformation im Vordergrund, sucht er nun nach der Quelle der religiösen Intelligenz. Er findet sie in der Ostkirche der Spätantike, deren Zentrum die Stadt Byzanz war. Im Umfeld dieses byzantinischen Christentums beschreibt Hugo Ball drei herausragende Figuren und deren spirituelle Haltung. Sie begreifen bedeutet die Zeichensprache Gottes verstehen: «Wir haben die Hieroglyphensprache verlernt. Ihr Schlüssel ging uns verloren. Die Sprache Gottes ist höchster Begriff. Wir begreifen nichts mehr. Wie sollten wir noch denken können?»[23]

Hermann Hesse wohnt zu dieser Zeit in Montagnola, das oberhalb von Agnuzzo liegt. Die beiden besuchen sich regelmässig und diskutieren nächtelang. Hermann Hesse schreibt 1929 über die gemeinsame Zeit: «Wir haben über nichts anderes diskutiert und gestritten als über die eine Frage: Wo ist der Punkt, von welchem aus diese ganze Hölle von Krieg, Korruption, Entseelung zu überblicken und zu überwinden ist? Wo kann man anknüpfen, um auf Erden wieder etwas wie Geist, etwas wie Würde, etwas wie Schönheit und Sinn zu ermöglichen? Diese Fragen waren uns gemeinsam. Die Wege, auf denen wir Antworten suchten, führten uns weit auseinander. Unter diesem Aspekt sprachen wir an unsern Tessiner Kaminfeuern nächtelang über die Zeiterscheinungen, über die Psychoanalyse, über die neuen Versuche in der Kunst, über Balls mittelalterliche und meine indischen Neigungen und Studien.»[24]

Während Hermann Hesse sich auf dem Weg der religionsgeschichtlich geprägten Psychologie nach C. G. Jung befindet, greift Hugo Ball mit einer weiten Ausholbewegung nach der ostkirchlichen mönchisch-asketischen Tradition: «Hatte ich in meinem ersten Buche den Zwiespalt aufgezeigt, in den besonders die deutsche Bildungsarbeit durch die Reformation und den anschliessenden Klassizismus gebracht worden war, so musste mir daran gelegen sein, zu den Lehren einer Zeit zurückzukehren, in der ein Ausgleich zwischen den christlichen und hellenistischen Idealen schon einmal mit grossen Ergebnissen errungen worden war. Diese Zeit war diejenige der grossen christlichen Kirchenväter, des Urchristentums und der frühbyzantinischen Kirche.»[25]

Das «Byzantinisches Christentum» gestaltet Hugo Ball als Anleitung zur Läuterung, als ein Stück Fegefeuer auf Erden. Anhand der Schilderungen der drei Kirchenväter Johannes Klimakus, Dionysius von Areopagita und Symeon auf der Säule werden verschiedene Läuterungsstufen von der Askese über die Erleuchtung bis zur Vollendung durchlaufen.

Hugo Ball sieht in der Askese, während derer der Mensch seine Lebenstriebe überwindet und Distanz zur eigenen Natur gewinnt, das Heilmittel, christliche Freiheit zu gewinnen und sich dem gesellschaftlichen Konformitätsdruck zu entziehen.

Manche ehemaligen Weggefährten von Hugo Ball und viele Intellektuelle seiner Zeit haben über das «Byzantinische Christentum» nur verächtlich den Kopf geschüttelt, viel zu weltfremd und kirchlich reaktionär kam es ihnen vor.

Das Besondere an diesem Werk ist, dass Hugo Ball sich selbst treu bleibt und nach der radikalen Kritik an der zeitgenössischen Kunst und an der Reformation mit dem «Byzantinischen Christentum» die Basis für die religiöse Intelligenz von drei Extremfiguren her beschreibt. Für ihn ist klar, dass die traditionellen Zugänge zur christlichen Quelle über die Theologie, über die Glaubensbekenntnisse und die kirchliche Praxis bloss zu einem entsprechend konformen Ergebnis führen und dass auf diese Weise geistvolles Christentum, religiöse Intelligenz nicht zu gewinnen ist.

Der moderne Mensch kann die Zeichensprache Gottes entziffern, indem er sich Symeon auf der Säule vorstellt, wie er über seine Natur erhaben als freier Mensch vor Gott stand. Wie von ihm eine geheimnisvolle Kraft ausging, so dass viele Menschen zu ihm kamen und in seiner Nähe von ihren Sorgen und Plagen geheilt wurden und wie Menschen, die sich in seine Augen versenkten, Hass und Feindschaft vergassen und Versöhnung fanden.

## Bei den Habgierigen

Leo Jud hatte neben Huldrych Zwingli seinen Platz gefunden, wo er seine Berufung und seine Gaben zur Entfaltung bringen konnte. Zürich bot ihm eine Heimat, wo er mit Katharina und den Kindern als eine von der Kirche abgesegnete Priesterfamilie leben konnte, ein Status, der seinen Eltern vorenthalten geblieben war.

War er zufrieden? Er war pausenlos tätig, doch fand er Anerkennung? Er wurde von Zwingli, den anderen Pfarrerkollegen, vom Zürcher Rat und auch von der Zürcher Bevölkerung als der Meister Leu geachtet, mit der materiellen Anerkennung jedoch haperte es. Ein Priester braucht für sich allein wenig Lohn, aber wenn er eine Familie hat, ist das anders. Die Zürcher waren knausrig, was kümmerte sie, dass die dahergelaufenen Pfaffen viele Kinder hatten? Sollten sie vom Gotteslohn leben, wenn sie sich schon gross aufspielten!

Leo Jud plagte sich mit dem kargen Einkommen. Die Pfrund war klein, der Lohn reichte nirgends hin. Katharina musste neben all der Arbeit im Haus selbst Hand anlegen und mit Weben dazuverdienen.

Hugo Ball ist zeit seines Lebens auf der Suche nach Heimat und Einkommen, es ist eine verzweifelte Suche. Deutschland hat er im Ersten Weltkrieg als Heimat verloren, die Beschäftigung mit Nietzsche hat ihm zuvor schon die metaphysische Heimat entzogen, die Bühne ist ein Zwischenspiel, es bleibt ihm nur die Flucht aus der Zeit, die er in seinen Tagebuchaufzeichnungen aus den Jahren 1913 bis 1921 ausführlich beschreibt.

Immerhin findet er in Emmy Hennings eine Seelenverwandte, für deren Tochter Annemarie entwickelt er väterliche Gefühle. Geldsorgen belasten sie über all die gemeinsamen Jahre hinweg, über viele Jahre leben sie als Vagabunden mit nichts als mit der Hoffnung auf ein besseres Leben.[26]

Anerkennung fand Hugo Ball für seine Dada-Zeit in Zürich und dann noch einmal für sein Werk «Byzantinisches Christentum». Seiner Kritik an der Reformation hingegen wehte ein eiserner Wind entgegen und für seine Hinwendung zur katholischen Kirche erntete er Unverständnis und Spott von Seiten seiner ehemaligen Gefährten aus dem Kreis der Kunst.

Richtig sesshaft wurde Hugo Ball auf dieser Welt nie, sein Leben blieb eine Flucht aus der Zeit, er starb mit 41 Jahren an Magenkrebs.

HUGO Sieh die Habgierigen, elend war ihr Tun auf Erden, noch elender ihr Ergehen hier.

LEO In der Seele zu kurz gekommen, rafften sie auf Erden verzweifelt alles an sich.

HUGO Jetzt liegen sie erstarrt am Boden mit dem Gesicht nach unten, hast du Ähnliches gesehen?

LEO Nicht bei mir selbst und doch ...

HUGO Es ist Johannes, erzähl mir von ihm.

LEO Erzähl du mir von deiner Stieftochter Annemarie.

HUGO Mir blutet das Herz, ich wollte ihr Vater sein, doch die Umstände liessen es nicht zu. Emmy und ich, wir waren beide Flüchtende, ein Kind aber braucht ein Zuhause, sesshafte Eltern. Wo nur war die kleine Annemarie zu Hause?

LEO Im verrauchten Cabaret Voltaire, wo sie am liebsten selbst auf der Bühne herumturnte. Im Tessin, wo ihr sie in eine Klosterschule gesteckt habt.

HUGO Sie war begabt im Zeichnen, ob ihr das Zeichnen ein Zuhause gab? Schande über mich, dass ich es nicht schaffte, dem kleinen Ding ein rechter Vater zu sein!

LEO Wie unglücklich muss mein Sohn Johannes gewesen sein!

HUGO Er hatte zwar ein Nest, aber keinen Zugang zum Vater, der nur Höheres im Sinn hatte, das Übersetzen und Vorbereiten der Predigten, dann der Zwingli, der ihm andauernd in den Ohren lag: Leo da, Leo dort. Noch schlimmer, der Vater hatte nur Augen für den göttlich begabten Fabricius.

LEO Der arme Johannes war nicht der hellste Geist, er musste es bitter büssen, der ganzen Welt hat er sein Unglück verkündet. Er hat seinen Lebensbericht aufgeschrieben, ich habe ihn immer bei mir.

HUGO Da bin ich aber gespannt.

LEO Es weckt die bösen Geister, es ist unerträglich.

HUGO Erzähl.

LEO Ich höre seine Stimme in den Albträumen, dann hilft nur noch das Erwachen.

HUGO Erzähl endlich.

LEO Er wollte einen Lebensbericht über mich, seinen Vater, schreiben. Dabei hat er vor allem sein eigenes Elend herausgeschrien.

HUGO Ich bin ganz Ohr.

LEO Also hör zu: «Ich bin nicht sein erster, doch ältester Sohn. Ich ward geboren in Zürich im Jahr 1528. Ich wurde ins Kollegium zum Fraumünster im Jahr 1542, da mein Vater starb, aufgenommen.»

HUGO Hat er dich überhaupt gekannt?

LEO Schweig, sonst erzähl ich nicht weiter.

HUGO Versprochen.

LEO Da steht im Bericht: «Ich hielt mich da eineinhalb Jahre auf. Nach dieser Zeit kam mich die Unlust an, dass ich nicht mehr an der Schule sein wollte. Ich meinte, die Lehrer seien mir ungünstig gesinnt und hätten einen Hass auf mich geworfen und es wäre nichts recht, was ich tat.»

HUGO Der arme Bub ist zu kurz gekommen.

LEO Es kommt noch schlimmer: «Darum zogen ich und mein Kollege Johannes Eislinger auf und davon.»

HUGO Da meldet sich der Lebenswille, das gefällt mir.

LEO «Wir kamen miteinander nach Basel zu einem Verwandten. Ich war nicht ein Monat in Basel, da hatte ich einen grossen Unfall. Als ich auf einem Hengst sass, überzäunte ich ihn. Ich fiel mit ihm zurück und schlug mir ein Schienbein aus dem Knie. Ich litt grosse Not, musste über sechs Wochen das Bett hüten und ein halbes Jahr an Krücken gehen. Doch gab Gott Gnade, dass ich nicht ein Hinkender blieb. Ich hatte viel Gemeinsames mit einem Kollegen. Bei ihm studierte ich in seiner Stube und pflegte auch da zu schlafen. Er hatte eine Schwester, die hiess Agnes, die war eine Witwe mit drei Kindern. Mit ihr redete ich im Gespött etwas von der Ehe und als sie mich hernach darum ansprach, leugnete ich und sagte ihr, ich wäre noch zu jung für diesen Stand, ich hätte noch nicht genug studiert und könnte weder Weib noch Kind ernähren.»

HUGO Aber für ein Techtelmechtel war dein feiner Johannes nicht zu jung.

LEO «Doch als ich nach zwei Jahren wieder nach Zürich kam und meiner Mutter und Schwester etwas von diesem Eheversprechen sagte, da meinte die Mutter, wenn ich eine ehrliche Person sei, dann müsse ich mich daran halten. Man schrieb nach Basel und bestellte diese Agnes nach Zürich. So hielt ich auf Jacobi 1545 an einem Samstag in aller Stille Hochzeit. Ich war damals kaum 18 Jahre alt.»

HUGO Die Art Mutter kenn ich, bei der muss alles seine Ordnung haben, ich hatte auch so eine, ein hartes Joch.

LEO Urteile nicht zu schnell über meine Katharina, sie hat es immer gut gemeint mit allen. «Bald gab man mir ein Stipendium mit 10 Gulden. Ich leistete in der Schule Vikariatsdienste. Davon bekam ich auch 10 Gulden. 1546 hielt ich in Witikon meine erste Predigt. Als im selben Jahr in Hirzel am Horgenberg die Pfarrstelle frei war, wurde ich dahin als Pfarrer gewählt. Ich bekam als Pfrund 8 Mütt Kernen, 5 Eimer Wein und 36 Gulden.»

HUGO Da haben wir es, das Pfarramt in seiner ganzen Erbärmlichkeit. Dein Sohn hat nur die Pfrund im Sinn, um seine Familie zu ernähren, nichts mehr vom Schwung des Vaters, der mit seinem Erasmus von Rotterdam im Köcher, mit dem Zwingli an der Seite und der Katharina am Herd die Welt verändern wollte.

LEO Es blieb ihm nur die Habgier, mehr lag da nicht drin. Aber hör zu, wie er das erzählt: «Ich zeugte etliche Kinder mit dieser Agnes. Doch wurde sie an mir ehebrüchig mit einem, der deswegen in den Wellenberg kam. Agnes kam ins Rathaus. So wurde ich, Johannes Jud, von ihr geschieden. Das geschah am 12. April des Jahres 1561. Gott sei Lob in Ewigkeit die Stund und der Tag. Darauf habe ich mich dann mit grosser Sorge und Anrufen Gottes um ein anderes Eheweib umgesehen und noch im selben Jahr die Jungfrau Susanne geheiratet. Die Hochzeit fand statt, als ich mein 33. Altersjahr vollendete. Meine Susanna war 28-jährig. Auch aus dieser Ehe wurden mir verschiedene Söhne und Töchter geboren. Ich hatte diese Susanna bis ins Jahr 1594 bei mir, als sie am 4. Januar früh morgens, nach dem sie lange krank gelegen hatte und grosse Schmerzen erlitten hatte, ihren Geist ihrem Erlöser aufgab und seliglich im Herzen entschlafen ist. Worauf ich dann in die dritte Ehe getreten bin, abermal mit einer Frau Agnes, Rudolf Kellers seliger Wittfrau.»

HUGO Irgendeine Frau im Haus scheint ihm wichtiger gewesen zu sein als ein geistliches Leben. Von einer Berufung spricht er nicht, das Evangelium ein blosser Broterwerb, was für ein Niedergang!

LEO Das wollten wir nicht, solches hatten wir nicht im Sinn, als wir dem Bischof das Gesuch schrieben, den Zölibat aufzuheben. An der Berufung zum Priesteramt wollten wir nicht rütteln, wir wollten doch nur Schluss machen mit der Heuchelei und dem faulen Kompromiss, den ich im eigenen Elternhaus erlebt habe.

HUGO An den Früchten werdet ihr sie erkennen.

LEO Sie plagt mich, diese elende Geschichte. Zwingli und ich, wir haben es doch vorgelebt, die fromme und fröhliche Pfarrfamilie. Wir führten ein gastliches Haus. Jeder half mit, jeder hatte seinen Platz.

HUGO Du übertreibst, denk daran, wie du deinen Neffen bevorzugt hast.

LEO Ein Schatten, ich gebe es zu. Aber wir hatten es schön bei all der Arbeit, vor allem dann, wenn wir miteinander musizierten.

HUGO Denk an deinen unglücklichen Sohn. Lass seinen Bericht auf der Seite und erzähl einfach, wie es ihm ergangen ist.

LEO Ich bringe es fast nicht über die Lippen. Aber ich will es zu Ende bringen. Er kam nach Flaach, weil es eine grosse Pfrund versprach. Gott strafte den Johannes mit einem weiteren Unglück, er soll nicht unschuldig daran gewesen sein, das Pfarrhaus brannte nieder, er verbrannte sich zwar im Gesicht, an den Armen und Händen, aber nicht lebensgefährlich. Im Pfarrhaus Berg am Irchel, gleich oberhalb von Flaach wurde er gepflegt. Dann kam mein Sohn vorübergehend in die kleine Gemeinde Henggart. Daselbst schrieb er meinen Lebensbericht, um dem Rat von Zürich zu beweisen, dass er einen Vater hatte, der sich für die Reformation verdient gemacht hat.

HUGO Aha, der Vater selig soll's richten. Ein schlauer Bursche, dein Sohn. Das hat er vom Vater. Du warst ja doch auch immer genug schlau und hast geschaut, dass sie dich bei deinen Büchern in Ruhe lassen.

LEO Ich habe genug gekämpft. Aber du hast schon Recht, in die Kappeler Schlacht wollte ich unter keinen Umständen und dem Bullinger habe ich die Führung der Zürcher Kirche gerne überlassen.

HUGO Wie endet die Geschichte mit deinem Sohn?

LEO Der Rat von Zürich beschloss, den Wiederaufbau des Pfarrhauses in Flaach zu bezahlen und Johannes wieder in sein Amt einzusetzen.

HUGO Du hast bei den Zürchern einen nachhaltigen Eindruck hinterlassen.

LEO Der Schluss des Berichts beelendet mich am allermeisten. Weisst du, ich habe mich durchgerungen und bin zu meinem Namen gestanden. Aber auch da hat Johannes kläglich versagt. Hör den Schluss des Lebensberichts des Sohnes über seinen Vater: «Dass ich die Wahrheit sage, so habe ich allezeit lieber Leu als Jud geheissen, allein wegen der unverständigen Bauern, damit sie nicht ihr Gespött treiben und sagen, wir müssten das Evangelium von einem Juden lernen oder der Jud hat gepredigt oder dass sie mich für einen geborenen, getauften Juden hielten. Darum habe ich mich bisher immer auf Deutsch Hans Leu geschrieben und genannt, bei Gelehrten aber Johannes Jud.»

HUGO Ein hartes Joch, ein solcher Sohn.

LEO Es war mir, als wäre sein Elend ein Teil von mir, er liess mich keine Ruhe finden.

HUGO In seinem Elend sahst du prophetisch die Zukunft der Reformation voraus.

LEO Es verdammte mich zu ewiger Ruhelosigkeit.

HUGO Nichts ist ewig, die Läuterung macht aus dem harten ein sanftes Joch, mit deiner Einsicht hast du Licht in ein dunkles Kapitel deines Lebens gebracht. Komm, der Weg ist steil.

# Bei den Schlemmern

Wie die Biene von einer Blume zu anderen fliege und aus jeder Blume etwas Nektar sauge, ihn in sein Volk zurücktrage, um ihn da in einen wunderbaren Süssstoff zu verwandeln, gerade so trage er das Schönste und Beste aus den Gedankenschätzen gelehrter Männer zusammen, um es wie die Biene einzusammeln und in eine für alle Menschen geniessbare Schrift zu verwandeln.

So verglich Leo Jud seine Arbeitsweise mit derjenigen der Biene. Tatsächlich ist er in die Geschichte eingegangen als fleissiger Übersetzer der Heiligen Schrift und der Schriften von Erasmus von Rotterdam, aber auch als selbstständiger Autor und Verfasser des ersten Zürcher Katechismus. Nach dem Motto von Erasmus von Rotterdam sollten alle Menschen, auch die Frauen, auch der Landmann hinter dem Pflug, der Weber am Webstuhl, der Wanderer auf der Reise nachlesen können, was ein Christenmensch wissen kann und glauben soll.

Hugo Ball ist zeitlebens auf der Suche nach dem Göttlichen, aus dem Anarchisten wird ein Mystiker, immer ist er getrieben vom Hunger nach religiöser Erfahrung, nie begnügt er sich mit Worten aus dem Lehrbuch. Ihn interessiert nur der steile Weg zum Göttlichen, der über den Verzicht, die Askese führt. An der Kirche interessiert ihn nicht das Allgemeine, sondern das Besondere, Heilige, Asketische, das den christlichen Geist verkörpert, die religiöse Intelligenz anregt.

Die Menschen des 21. Jahrhunderts lesen kaum mehr die Bibel, dafür lesen sie Ernährungsratgeber. Sie üben nicht mehr das Morgengebet, dafür stehen sie am Morgen auf die Waage und kontrollieren ihr Gewicht.

HUGO Die Schlemmer sind auch nicht mehr, was sie einst waren, nun sind sie Gesundheitsfanatiker durch und durch.

LEO Sie lesen einen Ernährungsratgeber um den andern, Outfit ist alles, totale Selbstkontrolle.

HUGO Ihr Dasein eine quälende und gar freudlose Prozedur des Abspeckens.

LEO Mit jedem Gramm zunehmendem Gewicht, mit jeder drohenden Cholesterinablagerung wird das Leben bereits auf Erden zum Fegefeuer.

HUGO Ein rissiger Brunnen, der Mensch.

LEO Die dürstende Seele führt zur Quelle.

HUGO Ein wahres Wort.

LEO Es braucht eine zweite Reformation.

HUGO Der lange Schatten der ersten Reformation lähmt die Menschen, schau dir die Hirten an, wie sie sich plagen, um ihren Schafen zu gefallen.

LEO Uns sind die Menschen nachgelaufen, weil wir ihnen das harte Joch von Rom abnahmen, wie dankbar waren sie uns.

HUGO So dankbar, dass ihr ihnen ohne weiteres das harte Joch der Bildung auferlegen konntet.

LEO Sie haben nicht gemurrt, wie das Volk Israel in der Wüste, im Gegenteil, sie waren begierig, mehr davon zu bekommen. Der Katechismus war ihr Nektar.

HUGO Vom Honig, den die fleissigen Bienlein, von der Kirche zum freien Flug befreit, erwirtschafteten, zog die Obrigkeit ihren Teil ein und liess es sich gut ergehen. Eine Hand wäscht die andere.

LEO Es gab einfach zu viel an Religion, zudem war sie nicht bekömmlich.

HUGO Ihr habt sie den Menschen versüsst, damit sie sich fügen.

LEO Heute sind die Menschen übersättigt.

HUGO Es ist der lange Schatten der Reformation, der dich plagt und nicht zur Ruhe kommen lässt.

LEO Für einen Moment war der Horizont offen, es war nach dem Tod von Zwingli, Heinrich Bullinger hatte die Führung der Zürcher Kirche übernommen. Er vertraute mir, er war auf mich angewiesen. Da spürte ich ihn wieder, den Hunger nach dem freien Glauben, die Sehnsucht nach dem freien Zugang zur Quelle.

HUGO Wir nähern uns der Läuterung des Leo Jud!

LEO Wir sassen in meiner Stube, der Zwingli und ich. Er kam oft noch in der Nacht zu mir, wir waren beide erschöpft von all dem Betrieb. «Mein innig geliebtes Leulein, hol das Hackbrett hervor!» Es lag immer bereit.

HUGO Siehe da, die müden Helden vereint beim Musizieren, der Zwingli am Hackbrett und der Jud auf seiner Laute.

LEO Oder ich schlug das Hackbrett und Ueli sang dazu seine heimatlichen Weisen, meine Katharina brachte uns Brot und Wein und hörte andächtig zu.

HUGO Der Toggenburger, der Elsässer und die St. Gallerin vereint bei Wein, Hackbrett und Gesang, wie rührend.

LEO Es waren unsere schönsten Stunden.

HUGO Ein Saufgelage mit zwei ketzerischen Priestern und der entweihten Nonne.

LEO Weisst du was? Es war der Moment, da wir ein Herz und eine Seele waren, wie die ersten Christen damals, als das Abendmahl noch eine Tischgemeinschaft war.

HUGO Ein Nichts ist die Eucharistie ohne heilige Wandlung, ohne geweihte Zeichen, ohne das Sakrament des Priesters.

LEO Ganz im Gegenteil, bei uns genügte ein Wort und er war mitten unter uns.

HUGO Ein Wort?

LEO Zwingli sagte: Sehet die Vögel des Himmels, sie säen nicht und ernten nicht, euer himmlischer Vater ernährt sie doch. Katharina: Wenn ihr nicht werdet wie die Kinder, werdet ihr nicht ins Himmelreich kommen. Ich: Wer dich auf die rechte Backe schlägt, dem halte auch die andere hin. Und dann haben wir einfach auf unseren Herrn angestossen.

HUGO Wirklich?

LEO Oder ich habe an das Jesuswort vom Balken im eigenen Auge erinnert, dann war er mitten unter uns und hat uns mit seiner Freude erfüllt.

HUGO Jetzt spricht ein anderer Leo aus dir.

LEO Wir waren uns einig, Zwingli und ich, wir wollten zurück zur Quelle, zum Geist der Bergpredigt, zur Tischgemeinschaft der ersten Christen.

HUGO Dann ist etwas dazwischengekommen.

LEO Zwingli hat immer gesagt: Halt, Meister Leu, erst müssen wir dafür sorgen, dass an jedem Ort in der Eidgenossenschaft das Evangelium frei verkündet wird, dann erst kommt der nächste Schritt.

HUGO Das alte Lied, erst die Welt erobern, dann wird alles gut.

LEO Dabei träumten wir von gemeinsamen Aktionen wie am Engelweihfest in Einsiedeln, wo wir das Gedicht von Erasmus «Die Klage Jesu am Kreuz» vorgetragen haben. Die Menschen waren wie elektrisiert.

HUGO Erzähl weiter von eurem Traum.

LEO Das Abendmahl sollte wieder als einfache Tischgemeinschaft und als Gedächtnismahl gefeiert werden, wie bei den ersten Christengemeinden, es sollte im Gottesdienst, aber auch im Haus begangen werden.

HUGO Wie in der jüdischen Familie am Abend vor dem Sabbat.

LEO Doch dann kam es bös mit den Täufern, es war schrecklich, sie waren so streng in ihrem Glaubenseifer, es blieb uns nur noch die Flucht in die Arme der Obrigkeit. Zwingli sagte immer wieder zu mir: Meister Leu, da müssen wir durch, sonst kommen die Katholiken zurück und bringen uns auf den Scheiterhaufen, warte nur, es kommen bessere Zeiten.

HUGO Es kamen viel schlimmere Zeiten, es begann mit dem Ertränken der Täufer in der Limmat, dem Krieg gegen die Innerschweizer, es ging weiter mit Bullinger und seiner Diplomatie und schliesslich folgte von Genf her Johannes Calvin mit seiner eisernen Disziplin.

LEO Du weisst, ich habe mich um eine Kirche bemüht, die frei ist von der Obrigkeit.

HUGO Dann hat dich Bullinger ordentlich zurechtgerückt.

LEO Ich gebe es zu, ich habe gekuscht.

HUGO Du bekamst es mit der Angst zu tun, mit einem Mal war deine Stellung infrage gestellt. Da wolltest du lieber deine Ruhe haben und hast dich wieder hinter deinen Büchern verschanzt.

LEO Was sollte ich ohne Zwingli. Mit dem Bullinger war es nicht mehr lustig, mit ihm konnte ich nicht singen und fröhlich sein, er war ein ernster Mann, wie die Täufer. Er hatte den Zürcher Rat hinter sich, es galt, die Reihen zu schliessen und wer nicht spurte, der wurde gnadenlos ausgesondert.

HUGO Du hast dich gefügt, das hat dich vor dem Schlimmsten bewahrt. Deinem Freund Theodor Bibliander jedoch erging es schlecht.

LEO Viel schlimmer bekam Bernardino Ochino den neuen Wind zu spüren.

HUGO Den kenne ich nicht.

LEO Ein berühmter Kapuzinergeneral aus Italien, wurde reformiert, kam nach England, dann wurde er Pfarrer der aus Locarno geflüchteten Gemeinde in Zürich, sie feierten am Sonntagabend im St. Peter ihren italienischen Gottesdienst.

HUGO Was war denn so schlimm an diesem Bernardino Ochino? Die Zürcher werden sein Italienisch kaum verstanden haben und die Locarneser haben ihn sicher nicht verraten.

LEO Dummerweise hat er seine humanistischen Gedanken aufgeschrieben. In Basel kam das Gerücht auf, die Zürcher hätten einen Ketzer in den eigenen Reihen.

HUGO Das konnten die Zürcher natürlich nicht auf sich sitzen lassen.

LEO Innerhalb von drei Tagen musste Bernardino Ochino die Stadt verlassen, mitten im Winter, allein mit seinen vier Kindern, seine Frau war schon gestorben. Er durfte sich nicht einmal von seinen Kollegen verabschieden. Bullinger verbot den Pfarrern jeglichen Kontakt mit ihm, Zwingli hätte sich im Grab umgedreht, wenn ihn die Katholiken nicht gevierteilt hätten.

HUGO Schrecklich. Nun aber weiter, deine Läuterung naht!

## Bei den Wollüstigen

Gott hat die Ehe eingesetzt, um Unkeuschheit zu vermeiden. Nach diesem Motto setzte sich Leo Jud für eine neue Ehegerichtsordnung in Zürich ein. Es blieb allein die Lebensform der Ehe, nachdem in Zürich die Klöster aufgehoben und der Zölibat der Priester abgeschafft waren. Der Verzicht auf Sexualität verlor damit seine religiöse Bedeutung.

«Nur der Heilige überwindet den Trieb und nur er ist der sichtbare Beweis für die Freiheit.» So schreibt Hugo Ball in seine Tagebuchaufzeichnungen «Die Flucht aus der Zeit», die Reformation habe mit der Askese die Voraussetzung für die Freiheit und die Menschlichkeit verworfen, ohne den Damm des Verzichts treibe der Trieb die Menschen in die Konformität, dann sei nichts mehr da von freiem Willen, im Gegenteil: Sie schuften, konsumieren, sie kuschen, sie sind im Bann des Bildes gefangen, das sie von sich selbst in die Welt hinausprojizieren. So lebt es sich in der real existierenden Freiheit.

HUGO Im digitalen Schlaraffenland versiegt die Sehnsucht nach dem Himmelreich.

LEO Eher geht ein Kamel durchs Nadelöhr, als ein Reicher ins Himmelreich.

HUGO Jesus weckte die Menschen aus ihrer Lethargie. Aber statt sich darauf einzulassen, haben sie ihn beseitigt, statt ihm nachzufolgen, begannen sie, einander zu belehren.

LEO Wir haben getan, was wir konnten.

HUGO Gut instruiert, hat der Mensch die Neigung, die andern damit zu schikanieren. Darin wart ihr besonders gut.

LEO Es gab eine Zeit, da ich es anders anpacken wollte.

HUGO Erzähl.

LEO Es war nach der Niederlage von Kappel, Zwingli war tot, die Zürcher gaben mir und andern dahergelaufenen Pfaffen die Schuld an der Katastrophe. Bullinger tat viel Tapferes und brachte mit seiner umsichtigen Diplomatie die Zürcher Reformation über die Runden. Was blieb mir?

HUGO Du, der Meister Leu, ein gemachter Mann im Herbst des Lebens, was wolltest du mehr?

LEO Ich hab's versucht, glaube mir.

HUGO Erzähl schon.

LEO Natürlich war mir klar, dass Heinrich Bullinger der geeignete Nachfolger von Huldrych Zwingli war. Aber es hat mich trotzdem lange gewurmt, dass der Zürcher Rat ihn einstimmig zum Antistes der Zürcher Kirche gewählt hat, kein Einziger hat sich für mich stark gemacht.

HUGO Der du ja immerhin der Ideologe der Zürcher Reformation warst und mit dem Zwingli zusammen ...

LEO Es arbeitete in mir, wartet nur, ich werde es euch zeigen. Ich beschloss, die Reformation zu Ende zu führen, wie wir es mit dem Ueli bei Hackbrett, Brot und Wein besprochen hatten.

HUGO Siehe da, nun kommt an den Tag, warum ausgerechnet Meister Leu zur Läuterung der Zürcher Reformation bestimmt wurde.

LEO Erst wollte ich das Vermächtnis von Huldrych Zwingli in Thesen zur Zürcher Reformation an die Tür des Grossmünsters schlagen.

HUGO Der Thesenanschlag von Zürich.

LEO Da viele Zürcher Zwingli die Schuld an der Katastrophe anlasteten, gab ich diese Idee auf. Ich musste selbst hinstehen.

HUGO Hier steh ich und kann nicht anders.

LEO Es war am Tag des Johannis, am 21. Juni 1532. Heinrich Bullinger gewährte mir eine Festpredigt, an der alle Ratsherren anwesend waren, es kam zum Skandal.

HUGO Das gefällt mir, erzähl weiter.

LEO Zwingli und ich waren überzeugt, dass die Reformation erst richtig in Gang kommt, wenn wir wirklich zu den Quellen zurückgehen. «Weisst du, mein Leulein», hat er einmal gesagt, «unser Meister Erasmus hat betont, dass wir den Glauben mit der Vernunft verbinden müssen, Jesus und Sokrates. Wir aber wissen, es braucht mehr als das.»

HUGO Stimmt, mit Erasmus ist man in dieser Welt noch nie weit gekommen.

LEO Wir waren überzeugt, dass es eine starke Kirche braucht, eine geisterfüllte Gemeinschaft, die nicht auf das Schwert der Obrigkeit setzt.

HUGO Das Wort ist unendlich mächtiger als das Schwert, und wer es zu führen weiss in starker, weiser Hand, ist viel mächtiger als der Mächtigste der Könige.

LEO Das sagst du, der Wörterstürmer?

HUGO Es galt, das Wort aus der Grammatik der Unterdrückung zu befreien.

LEO Genau das wollten Ueli und ich auch, darum suchten wir einen neuen Verbündeten, dessen Wort mächtiger ist als das Schwert.

HUGO Und?

LEO Diogenes.

HUGO Der Philosoph, den man den Kynos, den Hund nannte?

LEO Ja der.

HUGO Er lief am helllichten Tag mit der Laterne in der Hand durch die Gassen und rief: «Ich suche einen Menschen!» Auch ein Dadaist. Er soll dem mächtigsten Herrscher der damaligen Welt, Alexander dem Grossen, die Stirn geboten haben.

LEO Genau, Diogenes verkörpert den freien Menschen, dem das Fass als Wohnung genügt und der mit der Waffe der Ironie die Welt der Mächtigen und Mitläufer ins Wanken bringt.

HUGO Jesus und Diogenes, was für eine verrückte Idee und das im frisch reformierten Zürich, sie ist wohl gescheitert, bevor es losging.

LEO Die Festrede zu Johannis, dem 21. Juni 1532, war meine erste Diogenes-Predigt.

HUGO Es wird wohl auch deine letzte gewesen sein.

LEO Hör zu, was ich den hohen Zürcher Ratsherren an den Kopf warf: «Ihr Ratherren zu Zürich! Ihr Oberen! Während Ihr die Hirten des Volkes der Herde Gottes seid, nun jedoch schläft, will mir, der ich nur ein Hund bin, nicht geziemen zu schweigen. Ich muss bellen und den Schaden melden!»[27]

HUGO Wahrhaft, eine Diogenes-Predigt.

LEO «Ihr habt auch fromme, ehrliche Leute, die bewährte, alte Zürcher sind, die auch treu gemäss dem Wort Gottes gelebt und gehandelt haben, aus dem Rat gestossen, und weil sie Euch widersprochen, habt ihr sie Schreier genannt. Nun seht, dass ihr richtig handelt, denn mich dünkt, Ihr verhaltet Euch wie Falschspieler, die sich gegenseitig betrügerisch zuspielen. Aber Gott der Allmächtige steht hinter dem Tisch und sieht Euch ins Spiel. Ihn haltet vor Augen. Vor ihm schämt Euch, oder er wird Euch noch härter bestrafen. Das alles musste ich Euch sagen, eingedenk des heiligen Johannes des Täufers, der auch Herodes seine Sünden vorhielt, obgleich er deswegen leiden musste.»

HUGO Damit hättest du den Wellenberg verdient.

LEO Sie drohten mir mit Landesverweis, ich geriet in Panik.

HUGO Wäre es dir lieber gewesen, wenn sie dich wie die Täufer in der Limmat ertränkt hätten?

LEO Ich bin nicht zum Märtyrer geboren.

HUGO Wie ging es weiter mit deinem Aufruhr?

LEO Schon vor der Diogenes-Predigt hatte ich Bullinger geschrieben, dass ich die Zürcher Obrigkeitskirche nicht biblisch fände, Zwang würde die Freiheit ersetzen, die Kindertaufe würde den freien Glauben überflüssig machen. Ich hatte den freien Glauben der mährischen Brüder vor Augen, eine vom Staat unabhängige Kirche, eine zwanglose Gemeinschaft.

HUGO Sehr kühn von dir.

LEO Ich bot Bullinger an, von meinem Amt zurückzutreten und meinen Unterhalt anderweitig zu verdienen.

HUGO Das war allerdings nicht kynisch gehandelt, der Hund muss bellen und beissen, nicht den Schwanz einziehen.

LEO Ich habe dem Rat meine Meinung offen vermittelt: «Wenn es so zugehen sollte, dass man dem Volk nichts sagen darf, als was es gern hört, dann wären in der Gemeinde keine Propheten nötig. Man stelle doch einen Dudelsackpfeifer an, denen hörte jedermann gern zu und die täten niemandem weh.»[28]

HUGO Stark das Bild vom Dudelsackpfeifer, ob sie dich gehört haben?

LEO Gott hat seine Prediger Salz genannt, dass sie räss sind, sicher haben sie mich gehört und verstanden haben sie mich nur zu gut.

HUGO Was ist dann geschehen?

LEO Erst einmal haben sie mich gemieden, sie werden sich bei Bullinger beschwert haben.

HUGO Sehr nobel, die Zürcher.

LEO Mein Magen plagte mich wieder, die Kräuter, die mir Vadian und Paracelsus verschrieben hatten, halfen mir nicht. Im Juni des Jahres 1533 war die kleine Anna zur Welt gekommen, eine schwere Geburt, ich hatte grosse Angst um Katharina, was hätte ich ohne sie gemacht?

HUGO Ein Christ à la Diogenes kann nur sein, wer einen gesunden Magen und keine Familie hat.

LEO Diogenes, Jesus, Franz von Assisi, Jan Hus, Erasmus von Rotterdam.

HUGO Erasmus war zeit seines Lebens kränklich, auch er wurde von einem bösen Magen geplagt, aber erzähl weiter.

LEO Da gibt es nicht mehr viel zu erzählen. Bullinger hat seine Fäden gezogen, seinen Einfluss geltend gemacht, er war ein Meister der Fassade, ich musste nur kurz kuschen und alles war wieder gut. Alles, was ich später dazu gesagt und geschrieben habe, wurde einfach nicht mehr zur Kenntnis genommen.[29]

HUGO Da haben wir ihn, den protestantischen Untertanengeist. Mit der umsichtigen Theologie und Diplomatie von Bullinger war der Erfolg der Zürcher Reformation gesichert.

LEO Der Erfolg der Zürcher Reformation liegt nun seit fünfhundert Jahren auf der Zürcher Kirche und liess sie lethargisch werden.

HUGO Der geläuterte Meister Leu hat gesprochen, ob ihn die Zürcher diesmal ernst nehmen?

LEO Was nützt es dem Menschen, wenn er die ganze Welt gewänne und doch Schaden nähme an der Seele.

HUGO Das bedeutet?

LEO Das Eingeständnis des Scheiterns öffnet den Zugang zur Spiritualität.

HUGO Weiter.

LEO Selbsterkenntnis gehört dazu, eine alte Weisheit: Was siehst du den Splitter im Auge deines Bruders, den Balken in deinem Auge aber nimmst du nicht wahr?

HUGO Heureka, die Läuterung des Leo Jud steht vor dem Abschluss.

LEO Die Reformation hat ihre Seele veräussert, alles Fassade, es ist alles gut, es wird immer besser, Perfektionismus pur. Doch, wo bleibt die Seele? Sie leidet an einem religiösen Burnout, auch ein hartes Joch.

HUGO Sie bräuchte eine Auszeit, eine Zeit in der Wüste, damit sie den Hunger wieder spürt.

LEO Da sind wir bei der Askese, deinem Lieblingsthema.

HUGO Gott erfahren in der Sehnsucht nach Fülle und im Gegenteil, in seiner Abwesenheit, in der Leere.

LEO Bei Brot und Wein ... Tischgemeinschaft feiern statt belehren.

HUGO ... und in der Totenmesse, die wir ihm zu Ehren halten.

LEO Friedrich Nietzsche.

HUGO Hörst du den Chor, er erinnert an den verrückten Menschen, der in der Kirche das Requiem auf den alten Gott singt, den wir getötet haben.

## In Paradiso

Leo Jud hat es geschafft, Stufe um Stufe hat seine büssende Seele im vertraulichen Gespräch mit Hugo Ball Einsicht gewonnen und Läuterung erfahren, auf jeder Terrasse ist eine Sünde erloschen. Im strahlenden Morgenlicht öffnet sich auf dem Berg das Paradies. Da sitzt Huldrych Zwingli, er spielt das Hackbrett, vor sich auf dem Tisch Brot und Wein. Im braunen Kleide und weissen Schleier, den Ölblattkranz im Haar, schwebt Schwester Katharina auf Leo zu und hält ihm die Schrift «Die christliche Freiheit» entgegen, er verliert sich in das selige Lächeln der irdischen Geliebten. Dann ergreift Leo Jud das Hackbrett und Huldrych Zwingli stimmt dazu sein Lied vom Wagen, der droht, aus seiner Spur zu geraten, an. Es erinnert an die «Göttliche Komödie» von Dante Alighieri, der im Paradies den heillosen Zustand der Kirche ohne Christus mit dem Wagen verglichen hat, der vom Wagenlenker verlassen, führerlos in den Abgrund treibt. Zwingli singt sein Lied: «Herr, nun selbst den Wagen halt! Bald abseits geht sonst die Fahrt.»

Es setzen sich Frauen, Männer und auch Kinder an den Tisch, ein Kind segnet das Brot und den Wein, alle essen und trinken, es spricht: «Sein Joch ist sanft und seine Last ist leicht.»

# Anmerkungen

1 Die Schrift «Vom Leiden, Sterben und Auferstehen des Herrn» von Leo Jud beinhaltet Auslegungen der biblischen Passions- und Ostergeschichte, die jeweils in ein Gebet münden. Es ist ein Buch der Andacht, das belegt, dass es Leo Jud in erster Linie um die Vermittlung von christlicher Spiritualität ging und dass dabei das Gebet zentral war.

2 *Zitat aus: Nietzsche Friedrich, Die Fröhliche Wissenschaft.*

3 Johannes Jud verfasste einen Bericht über Leben und Werk seines Vaters Leo Jud. Darin schrieb er über den Namen Jud (vom Autor in heutiges Deutsch übertragen): «Es hat manche befremdet, dass ein Christ Jud heissen soll. Viele haben ihn für einen geborenen oder getauften Juden oder den Sohn eines getauften Juden gehalten und als solchen verschrieen, besonders die Papisten. Nun mag es wohl sein, dass vielleicht seine Grosseltern Juden waren und Christen geworden sind, besonders weil im Elsass und vor allem in Bergheim viele Juden wohnten.
So also haben wir uns des Namens und Stammes gar nicht zu schämen, sondern löblich und ehrlich ist es, vom leiblichen Stamme Abrahams geboren zu sein und noch ehrlicher und nützlicher ist es, ein geistlich Kind Abraham zu sein und zu werden. Allerherzlichst und vortrefflichst ist es, vom geistlichen und fleischlichen Abraham zu sein und so werden wir, so unsere Vorfahren werden

Juden gewesen sein, das Judentum verlassen haben und an Jesus Christus uns halten wie zuvor an Abraham.»
*Zitat aus: Jud Johannes, Historische Beschreibung Von dem Leben und Tod / Haus und Geschlecht / Kinder und Kinds-Kinderen des fürtrefflichen Manns / Herrn Leonis Judae.*

4 Als ihn die Zürcher im Herbst 1518 ans Grossmünster wählten, schrieb Huldrych Zwingli, zu dieser Zeit noch Leutpriester in Einsiedeln, einen Brief an Leo Jud, Leutpriester in St. Pilt:
«An Herrn Löwen, Kirchherrn zu St. Hippolyt. Meinen Gruss zuvor!
Welch innige Freundschaft mich einst mir Dir verband, hochgelehrtes Leulein, muss ich wohl hier nicht weiter auseinandersetzen, da Du Dich sicher in Deiner freundlichen Art ebenso gut daran erinnerst, wie ich. Darum, wie ich Deiner beständig gedenke, so habe ich auch beständig Dein Bestes im Auge. Wie ernst es mir damit ist, siehst Du daran, dass, als ich davon hörte, es sei Dir etwas Unerwünschtes widerfahren, ich auf der Stelle darüber nachdachte, wie man Deine Lage verbessern könnte. Da Du nun, trotzdem Du ein Ausländer bist, von Natur eine angeborene Anhänglichkeit an die Schweiz hast, zudem über eine ungewöhnliche Bildung verfügst und ungefähr so treu wie Cato bist, so hoffe ich, das, was ich über die Gestaltung Deiner Zukunft ausgedacht habe, finde auch Deine Billigung.
Neulich haben mich also die Zürcher zu ihrem Pfarrer gewählt, nachdem mir bisher die Herde Christi zu Einsiedeln anvertraut gewesen war, wo sich eine in hohem Ansehen stehende, altehrwürdige und aus ganz Deutschland vielbesuchte Kirche der Mutter Gottes befindet. Da hat mich Herr Theobald von Geroldseck, der mir gewogene Verwalter dieses Klosters, beauftragt, Dich mit diesem Schreiben zu berufen. Jetzt also bietet sich Dir Gele-

genheit, in die Schweiz zu kommen, ja Dich sogar mitten unter den Schwyzern niederzulassen, und zwar in höchst ehrenvoller Stellung. Denn komm nur (und zwar auf Kosten des Herrn Verwalters), und alle Deine Wünsche werden erfüllt werden, kannst es glauben. Nicht wenig liegt in meiner Hand, ich werde die Sache wie bisher zu Deinen Gunsten führen. Ich habe Dich nämlich hinsichtlich Deiner Schriftkenntnis empfohlen, als einen würdigen Pfleger dieser tiefen und wahrhaft heiligen Schriften und als jenes schlichte, kluge Leulein, als das ich Dich in jeder Hinsicht genau kenne. Dadurch habe ich den Herrn Verwalter so begeistert, dass er vor allen andern Sterblichen Dich für sich zu bekommen wünscht. Ergreife daher diese günstige Gelegenheit beim Schopfe! Am Kahlkopf kannst Du sie nämlich hernach nicht mehr fassen.
Das Volk, dem Du vorzustehen haben würdest, ist einfach und hört, nachdem ich nun den Weg geebnet, Christus gerne verkündigen; der Unterhalt ist reichlich, der Herr Verwalter nicht besonders gelehrt, aber er schätzt die Wissenschaften und liebt die Gelehrten über alles. Ausserdem bin ich dann nicht weiter als sechs Wegstunden von Dir entfernt, so dass Du den persönlichen Verkehr mit mir nicht etwa entbehren musst. Um endlich zu schliessen: lass Dich bewegen, mein inniggeliebter Leo, durch diese in Eile, aber aus dem Herzen geschriebenen Zeilen und komm, wie gesagt auf Kosten des Herrn Verwalters, zu uns herüber. Ich weiss, es wird Dich nicht gereuen. Nimm alles aufs beste auf und leb wohl!
Aus Einsiedeln der heiligen Jungfrau in der Schweiz, 17. Dezember 1518.
An Leo Jud, dem Hirten von St. Hippolyt, seinen einzigartigen Freund.»
*Zitat aus: Weisz Leo, Leo Jud. Ulrich Zwinglis Kampfgenosse.*

5 Im Juli 1519 schrieb in Einsiedeln Leo Jud einen Brief an seine Mutter:

«Mein freundlicher Gruss meiner allerherzliebsten Mutter und Schwester. Ich lasse euch wissen, dass es mir von Gottes Gnaden recht wohl geht, und dass ich frisch und gesund bin, auch dass mich mein Herr, der Abt, recht lieb hat und mir mehr Zucht, Freundschaft und Ehre tut, als ich verdiene.

Ich ritt gegen Gebweiler zu Herrn Claus Krug und blieb über Nacht bei ihm. Er lässt dir viel Gutes sagen. Am andern Tag, es war ein Samstag, ritt ich nach Dornach und blieb da bis am Montag. Mein Pferd war so müde, dass ich es in Dornach stehen liess und in Basel ein anderes lieh. Am Montag ritt ich nach Mumpf, am Dienstag nach Zürich. Am Mittwoch ruhte ich in Zürich bei Zwingli, denn es war Peter und Paul. Am Donnerstag in der Nacht kam ich in Einsiedeln an. Mein Vetter Hans Heinrich versprach, er würde mir das Pferd verkaufen und das Geld schicken. Er würde in acht Tagen ein Fass mit meinen Sachen nach Zürich bringen lassen, aber es ist noch nicht geschehen. Das Fass ist noch in Basel im Kaufhaus und es mangelt mir der Kleider und Bücher gar übel. Ich schicke dir hier gar ein hübsches Pater-Noster des würdigen Vaters Martin Luther, eines Augustiners in Wittenberg. Das predige ich jetzt in Einsiedeln und ich lese es mit viel Fleiss, denn es ist gar gut und nützlich und ein gutes Fundament aus der Heiligen Schrift. Künftig werde ich dir etwas mehr schicken. Auch werde ich dir einen Glarner Ziger schicken, wenn ich davon habe. Und sobald du Botschaft haben willst, so schreibe mir, wie es euch in Bergheim geht. Wenn es geht, werde ich euch Geld schicken. Grüsse mir meine herzliebe Schwester und sag ihr, dass sie fromm sein soll. Grüsse mir auch Herrn Diebolten und Herrn Simon und wer nach mir fragt. «Nit mehr dann Gott spar üch alle gsund.»

Aufgegeben am Samstag nach St. Margrethen Tag im Jahr 1519. Leo Jud dein Sohn.
*Zitat aus: Weisz Leo, Leo Jud. Ulrich Zwinglis Kampfgenosse.*

6 Aus dem Vorwort des Romans «Flametti», den Hugo Ball in Zürich im Jahr 1916 schrieb:
«In dieser Zeit des bombastischen Aberglaubens, des Glaubens an den Geldsack und die Quantität, schien es mir nicht ganz belanglos, zu versuchen, ob sich das Gefühl der Persönlichkeit nicht auch unter den Geringsten, in den nuttigsten, schmutzigsten Verhältnissen herstellen liesse. Ich versuchte, Eigenleben, Selbstwert, Überzeugungen, Sinn und Vernunft aufzuzeigen unter Menschen winziger Grösse, unter Grundeln, die auf dem Boden schwimmen und im Sumpf, unter den Allerkleinsten. Ich hatte dabei die Endabsicht, einen Tritt in den Wanst zu versetzen, jenem geheiligten Götzen, jenem Monstrum, das sich bürgerliche Kultur nennt.
Mich beschäftige seit Langem das Problem, wie kann dem Einzelnen sein Eigensinn, sein Sinn, seine Selbstbestimmung, [...] sein eigenes Abenteuer und das Recht dazu wiedergegeben werden. Ich fand, indem man ihn graziös behandelt, will sagen: liebevoll, dankbar und zwar liebevoll dankbar für das geringste das er zu geben hat, für den Umriss, den puren Umriss seiner Gestalt und seiner Seele; liebevoll dankbar für das beste das er bietet: für seine arbeitende Existenz, für seinen guten Willen. Ich fand: indem man ihn anerkennt, gelten lässt, ihm Mut macht zu sich selbst, ihm seine Bedeutung zeigt, seine eigene Linie, seine Besonderheit [...] Jeder hat ein Recht auf seine eigene Linie, aus der die grösste Tat erwachsen kann.»

7 Diese Skulptur der Szene im Garten Gethsemane besteht aus vier Figuren aus Sandstein, dem wachenden und betenden Christus und den drei Jüngern Petrus (in der

linken Hand hält der das Schwert, mit dem er das Ohr des Dieners des hohen Priesters abschlagen wird), Jakobus und Johannes, alle drei sind vom Schlaf überwältigt. Heute befindet sich die Skulptur im Innern der St.-Gregor-Kirche von Ribeauvillé (Rappoltswyler). Sie geht auf das Jahr 1494 zurück, also gerade in die Zeit, da Leo Juds Vater Priester an der Pfarrkirche von Rappoltswyler war.

8 «Die Sprache Gottes bedarf nicht der menschlichen Sprache, um sich verständlich zu machen. Unsere vielgepriesene Seelenkunde reicht nicht hierhin. Eher noch die versunken ächzende Stummheit der Fische. Die Sprache Gottes hat Zeit, viel Zeit und Ruhe, viel Ruhe. Darin unterscheidet sie sich von der Menschensprache [...] Die göttliche Sprache bedarf nicht der menschlichen Billigung. Sie sät ihre Zeichen und wartet.»
*Zitat aus: Ball Hugo, Byzantinisches Christentum.*

9 Ein Ausschnitt aus «Die Klage Jesu am Kreuz» von Erasmus von Rotterdam, ins Deutsche nachgedichtet von Leo Jud (vom Autor in heutiges Deutsch übertragen):
«Sagt an ihr Menschen allgemein
Die ihr habt von mir allein
Reichlich bekommen Gaben und Gut,
So Himmel und die Erde erfüllen tut.
Was blendet euch, was betört euch so,
Dass ihr das Heil suchet anderswo?
[...]
Ich bin der Friede und wahre Ruhe
Des Herzens. Wie geht es dann zu,
Dass ihr in Krieg und stetem Zank,
In Zwietracht und Unfriede lieget krank?
Warum legt ihr nicht von euch doch
Solches Nagen, Pein und schweres Joch,
Auf mich? So findet ihr wahren Trost

Und werdet von Unruhe erlöst.
[...]
Ich schuf dich erstlich wohl und gut,
Und erlöste dich doch mit meinem Blut.
Vom Tod ich dich erkauft hab
Mit meinem Leben, das ich gab
Für dich und das mit Willen gern.
O Mensch, mich lieben, du doch lern!
Kennt nun der Ochse seinen Herrn,
Der Esel grob, der ihn tut nährn.
Willst du allein O Mensch denn mich erkennen nicht?
Mehr denn das Vieh und wilde Tier undankbar sein,
Dem Schöpfer und dem Erlöser dein?»

10 Aus den Tagebuchnotizen «Die Flucht aus der Zeit» von Hugo Ball:
«Unser Kabarett ist eine Geste. Jedes Wort, das hier gesprochen und gesungen wird, besagt wenigstens das eine, dass es dieser erniedrigten Zeit nicht gelungen ist, uns Respekt abzunötigen. Was wäre auch respektabel und imponierend an ihr? Ihre Kanonen? Unsere grossen Trommeln übertont sie. Ihr Idealismus? Er ist längst zum Gelächter geworden, in seiner populären und in seiner akademischen Ausgabe. Die grandiosen Schlachtfeste und kannibalischen Heldentaten? Unsere freiwillige Torheit, unsere Begeisterung für die Illusion wird sie zuschanden machen.»

11 Aus der Rede von Leo Jud an der ersten Zürcher Disputation am 23. Januar 1523:
«Gnädige, fürsorgliche, ehrsame, liebe Herren», so sprach er den Rat an, «ich bin von euch hier in Zürich angenommen zu einem Leutpriester und Pfarrer, euch das Wort Gottes, das Evangelium Christi, zu verkünden [...] Nun aber, da bisher viele Menschensatzungen, die aus lan-

ger Gewohnheit in der Kirche gehalten werden, sich mit dem Evangelium so vermischten, dass sie oft gepredigt und geboten werden, als ob sie dem Evangelium gleich zu halten wären, so sage ich schon jetzt, dass ich solcher menschlichen Statuten wenig achten, vielmehr Euch allein das heitere und lautere Evangelium lehren werde. Ich will absehen von menschlichen Satzungen, wie sie von Päpsten und Bischöfen geboten wurden, hier zugegen durch die von Meister Ulrich ausgegangenen Sätze als dem Heiligen Evangelium und der Wahrheit ganz widerstreitend erkannt und überwiesen wurden und doch niemand hier ist, der etwas Wahrhaftes oder Gründliches zu ihren Gunsten reden will oder zu reden weiss.»
*Zitat aus: Weisz Leo, Leo Jud. Ulrich Zwinglis Kampfgenosse.*

12 «Jud war ein angesehener und hervorragender Hebräist, er verwies auf die bedeutsame Kuriosität, die in der Westkirche fast in Vergessenheit geraten war, dass es zwei verschiedene Nummerierungssysteme der Zehn Gebote gibt. Das eine System, das damals im ganzen Westen galt und auf Augustinus von Hippo zurückgeht, nummerierte die Gebote so, dass das Bilderverbot zu einem untergeordneten Teil des ersten Gebotes wurde (um trotzdem auf die Zahl Zehn zu kommen, gab es dafür am Ende zwei Gebote über das Begehren). Das andere System galt im Judentum (das in den meisten Epochen keine religiösen Bilder oder Figuren geschaffen hat) und wurde auch in den christlichen Ostkirchen verwendet, dieses System machte aus dem Bilderverbot ein eigenes, das zweite Gebot. Es ist offensichtlich, dass das zweite System dem Bilderverbot besonderes Gewicht verlieh.»
*Zitat aus: MacCulloch Diarmaid, Die Reformation 1490–1700.*

13 Aus dem Bericht von Johannes Jud über Leben und Werk seines Vaters Leo Jud (vom Autor in heutiges Deutsch übertragen):
«Als Leo Hochzeit hielt, war er ungefähr 40-jährig und sein Weib 30-jährig. Sie wurde schwanger und gebar eine Tochter Anna 1525, danach 1526 wurden Zwillinge geboren, ein Knäblein, Hans und ein Meitli, Elisabeth. Das Knäblein starb innert 8 Tagen, das Meiteli starb im Jahr 1527 an einem Freitag vor dem Dreikönigstag. Am 11. Februar 1527 in der Nacht zwischen 10 und 11 Uhr wurde ihm eine Tochter geboren und wurde Elisabeth genannt. Deren Pate war Huldrych Zwingli und Frau Effingerin. Die Elisabeth hat den Vater überlebt und ist 21 Jahre alt geworden. Als aber am 1. Oktober 1548 die Mutter krank war, bekam sie auch ein Kopfweh und in einer Nacht, es war Sonntag, verliess sie das Bett und die Kammer, wo auch die kranke Mutter lag, so dass sie weder von der Mutter noch Susanne, die auch in der Kammer lag, gesehen wurde und ist zur Winde oben heraus und stürzte zu Tode bei der Türe des Hauses. Vorübergehende Leute fanden sie. Als man aber anklopfte, um anzuzeigen, dass ein toter Mensch da läge, sagten die im Haus, man solle sie in Ruhe lassen, sie hätten mit ihren Kranken genug zu schaffen. Damals war Felix Walder der Schuhmacher zum Bäsen daheim. Der kam herab, erkannte sie, trug sie in sein Haus. Dann wurde sie im Grossmünster begraben.»

14 Leo Jud stellte 1525 auf einer Tafel, die man wie ein Bild an die Wand hängen konnte, zusammen, was ein Christ auswendig wissen muss. Das Original dieses verschollen geglaubten Tafel- oder Wandkatechismus befindet sich in der Staatlichen Bibliothek Berlin. Es handelt sich bei diesem Druck um einen Foliobogen, der 40 Zentimeter hoch und 30 Zentimeter breit ist. Oben steht: Das sind die zehn

Gebote, darunter in der Mitte ist der Kopf von Moses mit einem langen Bart abgebildet. Mit der rechten Hand fasst er die erste, mit der linken Hand die zweite Gesetzestafel. Es folgt das Doppelgebot der Liebe, das Ave Maria und das apostolische Glaubensbekenntnis. Ganz unten ist der Hinweis, dass der Tafelkatechismus in Zürich beim Christoph Froschauer gedruckt wurde. Dieser Tafelkatechismus war weit verbreitet und zierte manch reformierte Stube. Er kann als reformierter Ersatz der katholischen Heiligenbilder betrachtet werden. Es gilt als die Urform der späteren ausformulierten Katechismen, die im protestantischen Glaubensleben wichtig wurden.

15 1534 erschien der grosse Katechismus von Leo Jud. Er baut auf dem Tafelkatechismus auf. Das Besondere am grossen Katechismus von Leo Jud besteht darin, dass ein Schüler fragt und ein Lehrer Auskunft gibt. Dieser grosse Katechismus erwies sich jedoch als viel zu lang, er bestand aus 226 Seiten! In der Folge ging Leo Jud daran, einen kürzeren Katechismus zu schreiben. Schliesslich schrieb er auch noch einen ganz kurzen Katechismus für die kleinen Kinder. Heinrich Bullinger schrieb im Vorwort zum grossen Katechismus:
«Niemand kann dies ja leugnen; denn das meiste an der Verdorbenheit unserer Zeit führt davon her, dass man die Jugend nicht fleissiger in der wahren Gottesfurcht erzieht.»

16 «Vom größten Teil des Volkes wird der Krieg verflucht, man betet um Frieden. Einige wenige nur, deren gottloses Glück vom allgemeinen Unglück abhängt, wünschen den Krieg.»
«Die Klage des Friedens» gilt als die pazifistische Hauptschrift von Erasmus. Er schrieb sie im Jahr 1517 anlässlich einer geplanten Friedenskonferenz im nordfranzösischen Cambrai, zu der alle Herrscher Europas geladen wurden.

17 Das Gedicht «Totentanz» von Hugo Ball aus dem Jahr 1916:

Totentanz
So sterben wir, so sterben wir.
Wir sterben alle Tage,
Weil es so gemütlich sich sterben lässt.
Morgens noch in Schlaf und Traum
Mittags schon dahin.
Abends schon zuunterst im Grabe drin.

Die Schlacht ist unser Freudenhaus.
Von Blut ist unsere Sonne.
Tod ist unser Zeichen und Losungswort.
Weib und Kind verlassen wir –
Was gehen sie uns an?
Wenn man sich auf uns nur
Verlassen kann.

So morden wir, so morden wir.
Wir morden alle Tage
Unsre Kameraden im Totentanz.
Bruder, reck dich auf vor mir,
Bruder, deine Brust
Bruder, der du fallen und sterben musst.

Wir murren nicht, wir knurren nicht,
Wir schweigen alle Tage,
Bis sich vom Gelenke das Hüftbein dreht.
Hart ist unsere Lagerstatt
Trocken unser Brot.
Blutig und besudelt der liebe Gott.

Wir danken dir, wir danken dir,
Herr Kaiser, für die Gnade,
Dass du uns zum Sterben erkoren hast.

Schlafe nur, schlaf sanft und still,
Bis dich auferweckt,
Unser armer Leib, den der Rasen deckt.

18 Kurz vor seinem Tod rief Leo Jud seine Zürcher Amtsbrüder zu sich:
«Hütet Euch vor Kriegen; treibt die Kriegslustigen ja nicht dazu an. Trachtet vielmehr nach Erhaltung des Friedens. Christen und vor allem den Hirten geziemt Demut und Geduld, nicht Rachgier. Ich riet leider seiner Zeit auch zum Kriege; - ein grosses Übel, doch ruf ich Gott an, er möge, meiner sich erbarmend, mir es vergeben. Lasst Euch den unglücklichen Ausgang jenes Krieges zu steten Erinnerung dienen [...]»
*Zitat aus: Heinrich Bullinger im Vorwort zur lateinischen Zürcher Bibel von 1943, in: Wyss Karl-Heinz, Will Gottes Wort zum Kriege reizen?*

19 Johannes Stumpf, ein Zeitgenosse von Leo Jud, der Pfarrer in Bubikon war, schreibt aufgrund der Berichte seines Schwiegervaters Heinrich Brennwald:
«Man fing sofort an, die Schuld am grossen Unglück Zürichs Zwingli und seinen Pfaffen zu geben. Im alten päpstlichen Glauben sei Friede und Einigkeit gewesen, beim neuen evangelischen Glauben nur Zwist und Krieg. Die Mutter Gottes in Einsiedeln habe Zürich früher geholfen, darum sollten wir wieder zu ihr zurückkehren, dann hilft sie uns auch wieder. Der ganze Unmut und Groll der Gegner des neuen Glaubens richtete sich nach verlorener Schlacht gegen Zwinglis lebenden Gefährten, Meister Leu. Sein Leben war am Abend des 12. Oktobers 1531 bereits so bedroht, dass seine Anhänger Frauen ins Pfarrhaus an der Peterhofstatt schickten, um ihn zu bitten, in Frauenkleidern mit ihnen zusammen über die Limmat zu fliehen. Das aber war nicht in seinem Sinn.

Er nahm einen Harnisch und schritt mit der Bibel in der Hand über die Rathausbrücke und durch die Marktgasse zum Haus des Bäckermeisters Jakob Sprüngli am Rindermarkt, wo ihn seine Anhänger voller Sorge empfingen. Fünf Tage versteckten sie ihn. In dieser Zeit suchte der Zürcher Rat die Wut der Bevölkerung dadurch zu besänftigen, dass er verschiedene Verräter grausam hinrichten liess. Nach fünf Tagen begannen zusammen mit Bern die Vorbereitungen für einen Angriff auf die Innerschweizer. Die Zürcher Bevölkerung hatte sich etwas beruhigt. Leo Jud liess nun keine Gelegenheit aus, im Grossmünster und im St. Peter im prophetischen Sinn von den unerforschlichen Wegen Gottes zu predigen und die Niederlage von Kappel als Strafe Gottes für die Uneinigkeit der Zürcher zu deuten. Unerschrocken warnte er vor weiteren Demütigungen.
Der neue Oberkommandant von Zürichs Truppen, Hans Escher, führte die Verhandlungen mit den katholischen Innerschweizern so, dass Leo Jud sich veranlasst sah, gegen die offensichtliche Vernachlässigung der evangelischen Kircheninteressen auf der Kanzel öffentlich Protest zu erheben. Hans Escher verhiess, dass sobald er heimkomme, er dem frechen Pfarrern mit dem Schwert die Quittung erteilen werde. Die Lage wurde für Leo Jud lebensbedrohlich. Man war in Zürich überzeugt, er werde das erste Opfer der schlechten Stimmung, welche die Heimkehrer vorausschickten. Man befürchtete auch, dass mit Leo Jud zusammen das Reformationswerk zusammenbrechen werde. Bürgermeister Walder raffte sich auf und es gelang ihm durch geschicktes Vorgehen, Escher zum Nachgeben zu zwingen. Er sandte einen Ratsdiener vor das Rennwegtor und gab ihm den Befehl, dem Pferd des Oberkommandanten Escher in die Zügel zu fallen und ihn solange nicht durch das Tor in die Stadt einreiten zu lassen, bis er Meister Leu Frieden verspreche. Dem

Befehl wurde Folge geleistet, aber Escher weigerte sich, der bürgermeisterlichen Forderung nachzugeben. Er schimpfte, fluchte, drohte, bis ein Auflauf entstand. Nun ging es darum, das Ansehen des Bürgermeisters zu wahren. Die Menge bedrohte nun den Oberkommandanten ernstlich. Da musste er nachgeben. Leo Juds Position war für einmal gerettet.»
*Zitat aus: Weisz Leo, Leo Jud. Ulrich Zwinglis Kampfgenosse.*

20 Hugo Ball beschreibt in «Flucht aus der Zeit» seine künstlerische, ästhetische und religiöse Entwicklung von 1913 bis 1922, seine Zeit beim Theater, den Dada-Aufbruch in Zürich, den Rückzug in den Tessin, seine Kulturkritik und seine Beschäftigung mit religiösen Themen in Form von Aphorismen und Tagebuchnotizen.
«So stellten sich 1913 Welt und Gesellschaft dar: das Leben ist völlig verstrickt und gekettet. Eine Art Wirtschaftsfatalismus herrscht und weist jedem einzelnen, mag er sich sträuben oder nicht, eine bestimmte Funktion und damit ein Interesse und seinen Charakter an. Die Kirche gilt als ‹Erlösungsbetrieb› von wenigem Belang, die Literatur als ein Sicherheitsventil. Gleichgültig, wie es zu diesem Zustand gekommen ist-, er ist da und niemand vermag sich ihm zu entziehen. Die Weiterungen sind nicht erfreulich, etwa im Falle eines Krieges. Die Massen werden dann hinausgeschickt werden, um die Geburtenziffern zu regulieren. Die innigste Frage aber bei Tag und Nacht ist diese: Gibt es irgendwo eine Macht, stark und vor allem lebendig genug, diesen Zustand aufzuheben? Und wenn nicht: Wie entzieht man sich ihm?»
*Zitat aus: Ball Hugo, Flucht aus der Zeit.*

21 *Zitat aus: Ball Hugo, Briefe, 1904–1927.*

22 Der schöne Artikel «Der Dämon, der des Lebens Faden hält» in der Neuen Zürcher Zeitung vom 13. Januar 2018 von Rüdiger Safranski über Hugo Ball, der das Leben suchte, das noch lebt und es schliesslich in der Wende zur Religion fand, hat mich auf die Idee gebracht, ihn Leo Jud gegenüberzustellen. Im zitierten Satz bringt Rüdiger Safranski Hugo Ball und das Gespenst, das umgeht in Zürich, prägnant auf den Punkt.

23 Hugo Ball unterstreicht im «Byzantinischen Christentum» die Absolutheit der göttlichen Sprache. Sie ist Zeichensprache, eine Sprache, die mit Zeit und Ruhe auf den Menschen wartet, die den Menschen aber auch gewaltsam erfassen kann, eine Sprache, die alles umfasst. Als Teile des Sprachschatzes Gottes präsentiert Hugo Ball Johannes Klimakos, Dionysius Areopagita und Symeon den Säulenheiligen. Die göttliche Sprache ist der Stummheit der Fische näher als der Vernunft des Menschen, sie ist urtümlicher und mächtiger.

24 *Zitat aus: Nachwort, in: Ball Hugo, Byzantinisches Christentum.*

25 *Zitat aus: Ball Hugo, Die Flucht aus der Zeit.*

26 Den Winter 1926 verbrachten Hugo Ball und Emmy Hennings mit Annemarie in Süditalien. Bald schon hatte sich das arkadische Paradies rund um die Amalfiküste in eine sibirische Verbannung verwandelt. «Es ist eine zugige Geschichte hier», berichtet Emmy Hennings an Freund Hermann Hesse nach Zürich. «Aussicht auf Telegrafendrähte und einen Fabrikschornstein. Die Züge nach Messina und Catania sausen nachts vorbei, und mir träumt, der ewige Jude sei Lokomotivführer geworden. Ein bisschen Feuer aus dem Fegefeuer könnten wir vertragen.» Und

Hugo Ball fügt hinzu: «Wir sind in Vietri eingefroren, total eingefroren. Wir legen uns am Abend mit Mänteln zu Bett. Tagsüber sitzen wir in Hut und Mantel an der Schreibmaschine. Alle drei haben wir Husten, Kopfweh und Zahnweh abwechselnd. Annemarie bekam gestern abend einen Schreikrampf, wir wussten sie kaum zu beruhigen. Und es war doch der Tag, an dem sie die Nachricht bekam, dass zum erstenmal ihre Teller, in Zürich bei Hartung, ausgestellt sind und dass sie sehr gefallen. Wir fühlen uns wie Sträflinge im sibirischen Arbeitslager. Es kümmert sich kein Mensch um uns. Wir könnten ruhig eingehen [...]»
*Zitat aus: Reetz Bärbel, Das Paradies war für uns.*

27 So hat Heinrich Bullinger die Festpredigt von Leo Jud in seiner Reformationsgeschichte wiedergegeben.
*Zitat aus: Wyss Karl-Heinz, Will Gottes Wort zum Kriege reizen?*

28 *Zitat aus: Weisz Leo, Leo Jud, Ulrich Zwinglis Kampfgenosse.*

29 Leo Jud hielt sich in der folgenden Zeit nach aussen an die Linie von Heinrich Bullinger und dem Zürcher Rat. In der Sache aber blieb er kritisch. In einer Übersetzung einer Schrift von Zwingli erwies er ihm im Vorwort seine Referenz: «O höchste Schamlosigkeit! O Undank, [...] lernet am Vorbild dieses Tapfersten unter den Tapferen den Tod für die Wahrheit und Gerechtigkeit nicht scheuen, sondern unverzagten Herzens ihm entgegen gehen.»
In einem anderen Zusammenhang schrieb er: «Ich kann nicht leugnen, es gibt gar vieles in unserer Kirche, das mir nicht bloss beschwerlich, sondern ganz zuwider ist. Ich weiss, wie vielen und wie Mächtigen ich verhasst bin. Ich weiss, wie wenig ich bei den meisten ausrichte [...] Sollte meine Kirche mich undankbar verstossen, dann müss-

te ich eben gehen, wohin der Herr mich riefe. Jetzt aber muss ich [...] Sparta zieren, das mir zuteil geworden.»
*Zitat aus: Wyss Karl-Heinz, Will Gottes Wort zum Kriege reizen?*

# Literaturverzeichnis

Ball Hugo, Briefe, 1904–1927, hg. von Gerhard Schaub und Ernst Teubner. Bd. 2: 1924–1927, Göttingen 2003.

Ball Hugo, Sämtliche Werke und Briefe, hg. von Hans Dieter Zimmermann, Bd. 2: Die Folgen der Reformation. Zur Kritik der deutschen Intelligenz, Göttingen 2005.

Ball Hugo, Sämtliche Werke und Briefe, hg. und kommentiert von Bernd Wacker, Bd. 7: Byzantinisches Christentum. Drei Heiligenleben, Göttingen 2011.

Ball Hugo, Die Flucht aus der Zeit, Zürich 1992.

Ball-Hennings Emmy, Ruf und Echo. Mein Leben mit Hugo Ball, Einsiedeln 1953.

Braun Michael (Hg.), Hugo Ball. Der magische Bischof der Avantgarde, Heidelberg 2011.

Bullinger Heinrich, Werke. Vierte Abteilung. Historische Schriften, hg. von Peter Opitz, Teilband Tigurinerchronik, hg von Hans Ulrich Bächtold, Zürich 2018.

Erasmus von Rotterdam, Die Klage des Friedens, Zürich 2017.

Gantenbein Urs Leo, Paracelsus. Der Komet im Hochgebirg von 1531. Ein Himmelszeichen aus St. Gallen für Zwingli, Zürich 2006.

Greminger Ueli, Im Anfang war das Gespräch. Erasmus von Rotterdam und der Schatten der Reformation, Zürich 2017.

Hild Christian, Die Reformatoren übersetzen. Theologisch-politische Dimensionen bei Leo Juds (1482–1542) Übersetzungen von Zwinglis und Bullingers Schriften ins Lateinische, Zürich 2016.

Jud Johannes, Historische Beschreibung Von dem Leben und Tod / Haus und Geschlecht / Kinder und KindsKinderen des fürtrefflichen Manns / Herrn Leonis Judae, gewesnen Kirchen-Dieners zu St. Peter zu Zürich, von Johannes Jud / sonst Leu genannt / Leonis Sohn / 1573 (Handschrift G 329 mit lat. Titel in der Zentralbibliothek Zürich. – Verändert gedruckt 1724 in «Miscellanea Tigurina»,. 1ff.)

Jud Leo, Vom Leiden, Sterben und Auferstehen des Herrn, bearbeitet von Oskar Farner, Zürich 1955.

Jud Leo, Katechismen, bearbeitet von Oskar Farner, Zürich 1955.

Kuert Simon, Von Zwingli zu Gotthelf. Geschichte der kirchlichen Unterweisung in Bern, Teil 1: 1523–1878, Langenthal 2016.

Le Goff Jacques, Die Geburt des Fegefeuers, Stuttgart 1984.

MacCulloch Diarmaid, Die Reformation 1490–1700, München 2008.

Nietzsche Friedrich, Die fröhliche Wissenschaft, Frankfurt a. M. 1982.

Reetz Bärbel, Das Paradies war für uns. Emmy Ball-Hennings und Hugo Ball, Berlin 2015.

Schmid Margrit Rosa, Frauenkloster in der Au bei Einsiedeln, Einsiedeln 2005.

Steiner Juri, Zweifel Stefan (Hg.), PHANTOM DADA, Flucht durch die Zeit, 1916/2016, Zürich 2016.

Stock Wiebke-Marie, Denkumsturz. Hugo Ball. Eine intellektuelle Biografie, Göttingen 2012.

Stumpf Johannes, Chronica vom leben und wirken des Ulrich Zwingli, bearbeitet und hg. von Leo Weisz, Zürich 1931.

Weisz Leo, Leo Jud, Ulrich Zwinglis Kampfgenosse. 1482–1542, Zürich 1942.

Wyss Karl-Heinz, Leo Jud. Seine Entwicklung zum Reformator 1519–1523, Bern/Frankfurt a. M. 1976.

Wyss Karl-Heinz, Will Gottes Wort zum Kriege reizen? Nachwirkungen der Reformation Zwinglis, in: Wirkungen. Der Umgang mit der Bibel im Wandel der Zeiten, hg. von Joachim Rogge und Wolfgang Triebler, Erfurt 1999.